JN095156

2033年までに必要となる住宅戸数の推計

- 新築・リフォーム・空き家活用等 -

（住宅関連基礎的統計データ活用上の留意点に関するケーススタディ）

令和2年3月

公益財団法人　日本住宅総合センター

本リポートは、平成 30 年 3 月から同年 9 月にかけて、株式会社価値総合研究所の協力を得て実施した「良質な住宅ストック形成に必要な新規住宅供給量に関する調査研究業務（Ⅰ）（Ⅱ）」の調査結果を元にしている。

はじめに

　　5年に1度実施される「住宅・土地統計調査」は、わが国の住宅とそこに居住する世帯の居住状況、世帯の保有する土地等の実態を把握するために実施されているものである。その結果は、住生活基本計画はじめ住生活関連諸施策の企画、立案等の基礎資料とされ、また、住宅分野の調査研究に不可欠な基幹統計データとして活用されている。

　　しかしながら、例えば、

　　① 同調査の結果は集計表の形で公表されるため、より詳細な分析を行おうとする場合は、複数の集計表を用いて按分し推計する等の作業が必要となること、

　　② 調査年次により、建築時期の分類に違いがあるため、複数の調査年次データを活用する際には建築時期の分類を再整理しなければならないこと、

　　③ 耐震性等の住宅ストックの質に関するデータを得ようとする場合、持家に関しては取得できるが貸家に関しては取得できないこと等の様々な制約と限界がある。

　　一方、空き家問題をはじめ、老朽化した住宅ストックが大きな社会問題となっている。本問題に関しては、今後一定期間にどの程度の住宅ストックが滅失し、更新が行われるのかについての見通しを立てることが、対策を検討する際に有効となるが、その際に活用する公的データとしては住宅・土地統計調査が挙げられる。

　　そこで、本調査では、わが国の住宅ストックの現状を質の面（耐震、省エネ、バリアフリーの等性能）から把握し、そのうえですべての世帯に一定の質の住宅を確保しようとする場合の住宅供給量を推計するケーススタディを通じて、「住宅・土地統計調査」（※）の制約、限界を整理し、それらを踏まえ、それを代替するための集計手法や補完データ活用等について検討し、その結果を整理して示している。

　　また、あわあせて、住宅分野の研究に用いられる頻度の高い他の各種統計データ（公的・民間）に関して、それらの基本的内容および調査頻度、対象等を整理したうで、活用上の留意点を取りまとめている

　　本報告書が住宅分野の研究者、住宅関係の業務に携わる関係者の参考になれば幸いである。

（※ 本調査報実施時点で公表されていた平成25年「住宅・土地統計調査」までを対象にしいている）

公益財団法人　日本住宅総合センター

<<目次>>

1．調査の目的と概要

　5 年に 1 度実施される「住宅・土地統計調査（総務省統計局）」は、わが国の住宅ストックの状況やそこに居住する世帯の状況等を把握するための唯一の統計データであり、その結果は、住生活基本計画をはじめ住生活関連諸施策の企画・立案等の基礎資料とされている。

　本調査は、サンプリングによる拡大推計が行われているため、統計上の誤差構造を有していることになるが、それに加えて居住世帯を対象としたアンケート調査となるため、居住世帯の情報については、回答者が知り得る情報の限界が、調査上捕捉できる情報の限界となり、例えば賃貸住宅については持ち家と比べて取得できる情報量が限られることになる。また、長期間に渡って継続的に実施されている調査であるため長期時系列の住宅ストックの状況を見ることができる半面、建築時期等の集計区分がある調査時点から変更になっているなど、分析上の不都合が生じるところもある。

　一方、空き家問題をはじめ、老朽化した住宅ストックが大きな社会問題となっている。本問題に関しては、今後一定期間にどの程度の住宅ストックが滅失し、更新が行われるのかについての見通しを立てることが、対策を検討する際に有効となるが、その際に活用する公的データとしては住宅・土地統計調査が挙げられる。

　よって、本研究では、上記した住宅・土地統計調査等の公的データを用いて、住宅ストックの滅失・更新に関するケーススタディを行うことを通して、データ活用上の留意点や課題等について整理を行う。

　また、住宅分野に関する研究を行う際には、住宅・土地統計調査等の公的な統計データ以外にも、「都道府県の課税状況等に関する調」や「不動産取得税に関する調」、「固定資産税の価格等の概要調書」等の税に関するデータや、「登記統計」で把握可能な登記に関するデータなど、住宅統計を目的としてはいないものの、住宅分野の研究に用いられているデータがある。そのような住宅分野の研究に用いられる可能性のあるデータの存在についても確認し、それらの特徴や利用上の留意点等について整理を行う。

　また、公的データ以外にも、マンション販売戸数や、建物ストックデータなど、民間が提供しているデータも存在し、それらも住宅分野の研究に有用である可能性があるため、収集・整理の対象に加えるものとする。

２．住宅・土地統計調査等を用いたケーススタディ

２－１ 住宅・土地統計調査とは

　総務省統計局「住宅・土地統計調査」とは、我が国における住戸（住宅及び住宅以外で人が居住する建物）に関する実態並びに現住居以外の住宅及び土地の保有状況、その他の住宅等に居住している世帯について、その現状と推移を全国及び地域別に明らかにすることにより，住生活関連諸施策の基礎資料を得ることを目的として行われている調査であり、昭和 23 年以降、5 年ごとに実施されている。

　調査時点は調査年次の 10 月 1 日である。調査は、抽出した世帯に対するアンケート調査と、調査員が担当の調査区内の建物について概観調査する 2 種類が行われている。前者のアンケート調査の対象となる世帯は、国勢調査をもとに設定した調査区ごとに住宅及び住宅以外で人が居住する建物並びにこれらに居住している世帯の中から抽出される。

　抽出した世帯に対しては、入居世帯の属性等（世帯構成、年間収入、現住居の入居時期、前住居に関する事項等）、現住居に関する事項（所有関係、家賃、面積、建築時期、建て替え、増改築、耐震状況、設備状況等）、現住居以外の住宅に関する事項（所有関係、利用等、建て方、建築時期等）等について調査する。ただし、空き家などの居住世帯のない住宅については，調査員が外観等から判断することにより，調査項目の一部について調査している。

　調査員が行う建物調査としては、建物の建て方、構造、腐朽・破損の有無、階数、接道状況等を行う。

　調査結果をもとに拡大推計した値を調査結果として公表している。

２－２ ケーススタディの概要
（１）ケーススタディで行う推計のイメージ

　以下では、住宅政策上の課題としてあげられる住宅ストックの滅失や更新について、住宅・土地統計調査（総務省統計局）を活用してスタディを行うことを通して、当統計を活用する上での留意点や課題等を検討する。

　具体的には、住宅ストックの滅失・更新の見通し及び一世帯一住宅を満たすために必要な供給量の見通しについてケーススタディを行っている。。

　全国の居住世帯有り住宅の住宅ストック戸数に関する長期時系列データを用いて、住宅・土地統計調査の最新調査年次である平成 25 年から概ね 20 年間について、既存の住宅ストックの将来残存戸数と、一世帯一住宅を満たすために将来必要な供給量を推計する。本スタディにおける将来推計のイメージは図 2-1 のとおりである。

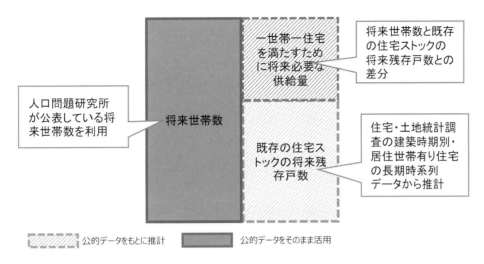

図 2-1 本スタディで行う将来推計のイメージ

（2）推計ステップ

　既存の住宅ストックの将来残存戸数および一世帯一住宅を満たすために将来必要な供給量の推計は以下のステップで行う。尚、用いるデータとしては、本調査の目的に即して、住宅・土地統計調査とし、必要に応じて、他の統計により補足する。

　まず、住宅・土地統計調査から得られる居住世帯有り住宅の長期時系列データの状況を確認する。住宅ストックは建築時期及び経過年数によって残存戸数の状況に違いがあると考えられることから、本調査研究では居住世帯有り住宅の住宅ストックデータを建築時期別に可能な限り細分化し、建築時期別コーホート別の残存戸数の推移（以下、滅失トレンドとする）の違いを将来残存戸数の推計に反映する。確認した建築時期別の滅失トレンドを用いて、概ね 20 年後の将来残存戸数を推計する方法をスタディする。

　上記は、建築時期別の滅失トレンドをもとに行う将来推計である。一方で、長期優良住宅に関する施策展開や、建物の適性管理の推進等により、滅失トレンドよりも、長期において市場性を有する可能性もあること等から、既存の住宅ストックについて建築時期別にシナリオを設定し、シナリオにもとづく将来残存戸数、および一世帯一住宅を満たすために将来必要な供給量の推計についても実施した。

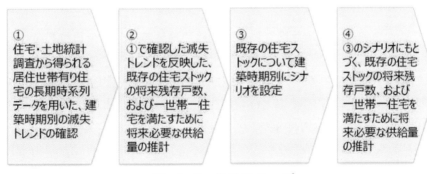

図 2-2　推計ステップ

（３）住宅・土地統計調査データにおける住宅の残存および滅失の考え方

　本スタディでは、既存の住宅ストックの将来残存戸数の推計を行う際、可能な限り細分化された建築時期別コーホート別に行っていくが、前述したように、住宅・土地統計調査では、主に居住世帯を対象としたアンケート調査により構成されている統計であるため、住宅の建築時期については、回答者の回答に基づく。よって、建築時期別の既存の住宅ストック戸数として把握できるのは「居住世帯有り住宅」の戸数のみとなる。

　本スタディでは、「（t+5）年住宅ストック戸数 - （t）年住宅ストック戸数」で得られた差分を（t+5）年の滅失戸数としていくが、この滅失戸数とは「居住世帯有りではなくなった戸数」を意味し、物理的な滅失以外に、用途変更、空き家化等の要因により住宅市場から退出した住戸が含まれることになる。尚、物理的に滅失し、新たに建て替えられた場合では、建て替えられた時期に該当する建築時期の住宅ストック戸数としてカウントされる。

　言い方を変えれば、本スタディでいう既存の住宅ストックの残存戸数とは、物理的に残存している住宅のストック戸数ではなく、世帯が居住している住宅のストック戸数となる。

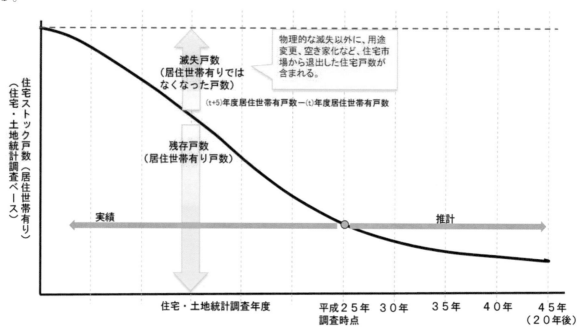

図 2-3　住宅・土地統計調査における残存戸数および滅失戸数の考え方

＜☝ポイント＞
- 住宅・土地統計調査で得られる建築時期別の残存戸数は居住世帯有り住宅のみ
- 滅失戸数（2 調査時点間の建築時期別住宅ストック数の差）は、物理的に滅失したもの以外に、用途変更や空き家化等により住宅市場から退出した戸数が含まれる。

　さらに、上記を踏まえると、本スタディで捉える供給量とは、前述のとおり一世帯一住宅を満たすために必要な供給量であり、その中には新規宅地開発、建て替え、建て替えに伴う容積率アップ等により新規供給されるものに加えて、一度市場から退出した空き家を再度居住利用させる量も含まれることになる。

２－３ 住宅・土地統計調査をもとにした建築時期別残存戸数の把握

（１）住宅・土地統計調査で把握可能な建築時期別残存戸数の整理

　前述した通り、住宅・土地統計調査で捉えられる建築時期別の既存の住宅ストックの残存戸数とは、居住世帯有り住宅のみとなる。

　住宅・土地統計調査では、下表に示す通り、建築時期別の残存戸数を長期に渡り把握することができる。建築時期別コーホートは、概ね５年または 10 年で区切られているが、住宅・土地統計調査の調査年次によっては、建築時期別の区切りが変更されている場合があるため、最新調査年次の建築時期の区切りに合わせて、過去の統計を整理する必要があるため注意を要する。また、各調査年次において、建築時期が当該調査年次の住宅ストック戸数は、年次データではなく１月から９月までのものとなる。

昭和48年	昭和53年	昭和58年	昭和63年	平成5年	平成10年	平成15年	平成20年	平成25年		分類
終戦前 終戦時～昭和25年	終戦前 終戦時～昭和25年	終戦前 終戦時～昭和25年	終戦前 終戦時～昭和25年	終戦前 終戦時～昭和25年	終戦前 終戦時～昭和25年	昭和25年以前	昭和25年以前	昭和25年以前	⇒	昭和25年以前
昭和26年～35年	昭和26年～35年	昭和26年～35年	昭和26年～35年	昭和26年～35年	昭和26年～35年	昭和26年～35年	昭和26年～35年	昭和26年～35年	⇒	昭和26年～35年
昭和36年～40年 昭和41年～42年 昭和43年 昭和44年 昭和45年	昭和36年～45年	昭和36年～45年	昭和36年～45年	昭和36年～45年	昭和36年～45年	昭和36年～45年	昭和36年～45年	昭和36年～45年	⇒	昭和36年～45年
昭和46年 昭和47年 昭和48年1月～9月 不詳	昭和46年～47年 昭和48年 昭和49年 昭和50年 昭和51年 昭和52年 昭和53年1月～9月 不詳	昭和46年～50年 昭和51年～53年 昭和54年 昭和55年	昭和46年～50年 昭和51年～55年	昭和46年～50年 昭和51年～55年	昭和46年～55年	昭和46年～55年	昭和46年～55年	昭和46年～55年	⇒	昭和46年～55年
		昭和56年 昭和57年 昭和58年1月～9月 不詳	昭和56年～58年 昭和59年 昭和60年 昭和61年 昭和62年 昭和63年1月～9月 不詳	昭和56年～60年 昭和61年～63年 平成元年 平成2年	昭和56年～60年 昭和61年～平成2年	昭和56年～60年 昭和61年～平成2年	昭和56年～平成2年	昭和56年～平成2年	⇒	昭和56年～平成2年
				平成3年 平成4年 平成5年1月～9月 不詳	平成3年～5年 平成6年～7年	平成3年～7年	平成3年～7年	平成3年～7年	⇒	平成3年～7年
					平成8年 平成9年 平成10年1月～9月 不詳	平成8年～10年 平成11年 平成12年	平成8年～12年	平成8年～12年	⇒	平成8年～12年
						平成13年 平成14年 平成15年1月～9月 不詳	平成13年～15年 平成16年 平成17年	平成13年～17年	⇒	平成13年～17年
							平成18年 平成19年 平成20年1月～9月 不詳	平成18年～20年 平成21年 平成22年 平成23年 平成24年 平成25年1月～9月 不詳	⇒	平成18年～平成25年

図 ２-4　平成 25 年住宅・土地統計調査をベースとした建築時期コーホートの整理

出典：総務省統計局「住宅・土地統計調査」をもとに作成

> **＜ポイント＞**
> - 調査年次により、建築時期の区分が変更されている場合があるため、コーホートを作成する際には注意が必要

建築時期別の残存戸数を示したものが図 2-5 になる。なお、本スタディでは居住世帯有り住宅の将来残存戸数を推計するため、居住世帯有りで建築時期が「不詳」の住宅ストック戸数を、建築時期が判明している残存戸数の比率で按分し各建築時期に割り振っている。また、建築時期が平成 25 年 1 月から 9 月の住宅ストック戸数については、統計から得られる数値を 4/3 倍することで年次データとしている。

　建築時期が平成 3 年から平成 7 年の居住世帯有り住宅の残存戸数については、平成 20 年調査から平成 25 年調査にかけて増加がみられる。この理由としては、下記のものが考えられる。

①残存戸数のカウント対象外となった空き家が大量に「居住世帯有り」となり、残存戸数にカウントされた
②当該建築時期コーホートに居住する回答者の、建築時期の問いに対する回答率が高まった
③サンプル調査の結果を拡大推計するという住宅・土地統計調査の調査方法から発生するバイアス
④建築時期「不詳」の住宅ストック戸数を、建築時期が判明している残存戸数の比率で按分して各建築時期に割り振っていることの弊害

上記のうち、①と②の可能性をすべて否定するものではないが、③あるいは④の影響が大きいものと考えられる。本スタディでは、上記を踏まえたうえで各建築時期コーホートについて、図 2-6 のとおり、直近 2 期間の残存戸数の移動平均値を求め、それを残存戸数の実績値として用いることとした。

＜👆ポイント＞
- 建築時期別ストック戸数には、建築時期が「不詳」のものが含まれているため、この扱いに注意を要する
- 住宅・土地統計調査の調査年次に建築された住宅は、1 月から 9 月までの戸数となるため、注意を要する
- ある建築時期の住宅ストック数が、前年度調査よりも増加している場合があるので注意が必要

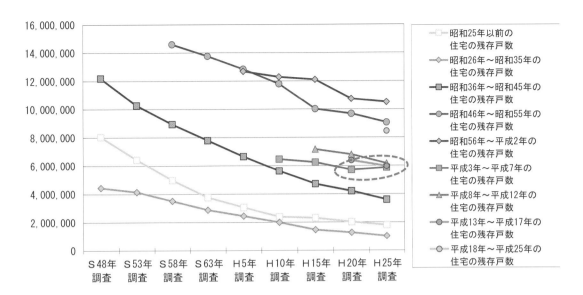

総数	住宅総数	S48年調査	S53年調査	S58年調査	S63年調査	H5年調査	H10年調査	H15年調査	H20年調査	H25年調査
昭和48年調査	昭和25年以前の住宅の残存戸数	8,037,976	6,418,746	4,971,656	3,751,229	3,040,088	2,374,032	2,295,993	2,001,947	1,780,443
昭和48年調査	昭和26年～昭和35年の住宅の残存戸数	4,428,266	4,134,854	3,496,506	2,864,466	2,430,083	1,981,555	1,454,314	1,251,688	1,004,275
昭和48年調査	昭和36年～昭和45年の住宅の残存戸数	12,185,686	10,261,269	8,933,994	7,789,280	6,644,815	5,614,731	4,700,475	4,190,677	3,576,520
昭和58年調査	昭和46年～昭和55年の住宅の残存戸数			14,577,455	13,749,701	12,831,385	11,782,088	10,010,963	9,661,265	9,045,637
平成5年調査	昭和56年～平成2年の住宅の残存戸数					12,672,459	12,275,656	12,086,832	10,726,169	10,490,815
平成10年調査	平成3年～平成7年の住宅の残存戸数						6,464,687	6,232,327	5,693,996	5,853,781
平成15調査	平成8年～平成12年の住宅の残存戸数							7,158,677	6,782,813	6,147,029
平成20調査	平成13年～平成17年の住宅の残存戸数								6,366,589	5,949,214
平成25年調査	平成18年～平成25年の住宅の残存戸数									8,440,286

図 2-5 建築時期別・既存の住宅ストック（居住世帯有り住宅）の残存戸数

出典：総務省統計局「住宅・土地統計調査」

※建築時期が平成25年1月～9月の住宅ストック戸数は、4/3を乗じたものを年次データとして計上している。

※各調査年次において建築時期「不詳」の住宅ストック戸数は、当該調査年次で建築時期が判明している居住世帯有り住宅の残存戸数の比率を用いて按分し各建築時期に上乗せしている。

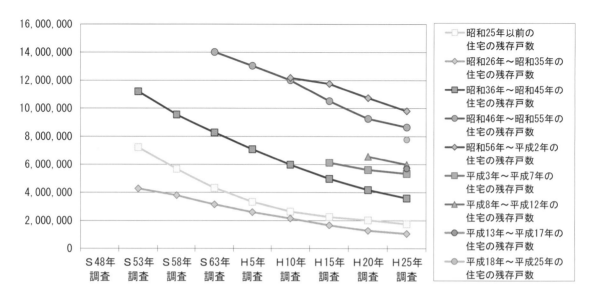

総数移動平均	住宅総数	S48年調査	S53年調査	S58年調査	S63年調査	H5年調査	H10年調査	H15年調査	H20年調査	H25年調査
昭和48年調査	昭和25年以前の住宅の残存戸数		7,228,361	5,695,201	4,361,443	3,395,658	2,707,060	2,335,013	2,148,970	1,891,195
昭和48年調査	昭和26年～昭和35年の住宅の残存戸数		4,281,560	3,815,680	3,180,486	2,647,275	2,205,819	1,717,935	1,353,001	1,127,981
昭和48年調査	昭和36年～昭和45年の住宅の残存戸数		11,223,478	9,597,632	8,361,637	7,217,048	6,129,773	5,157,603	4,445,576	3,883,599
昭和58年調査	昭和46年～昭和55年の住宅の残存戸数				14,163,578	13,290,543	12,306,736	10,896,525	9,836,114	9,353,451
平成5年調査	昭和56年～平成2年の住宅の残存戸数						12,474,058	12,181,244	11,406,501	10,608,492
平成10年調査	平成3年～平成7年の住宅の残存戸数							6,348,507	5,963,161	5,773,888
平成15調査	平成8年～平成12年の住宅の残存戸数								6,970,745	6,464,921
平成20調査	平成13年～平成17年の住宅の残存戸数									6,157,902
平成25年調査	平成18年～平成25年の住宅の残存戸数									8,440,286

図 2-6 建築時期別・既存の住宅ストック（居住世帯有り住宅）の残存戸数推移（2時点移動平均）

出典：総務省統計局「住宅・土地統計調査」をもとに作成

※表中では、t 年調査と t＋5 年調査の残存戸数の 2 期間の移動平均を t＋5 年調査の残存戸数の実績値としている。

※t 年調査と t＋5 年調査の残存戸数の 2 期間移動平均＝（（t 年調査の残存戸数）＋（t＋5 年調査の残存戸数））÷2。

※建築時期が平成 18 年～平成 25 年の残存戸数については、調査年次が 1 年しかないため移動平均ではなく実測値を用いることとした。なお、建築時期が平成 25 年 1 月～9 月の住宅ストック戸数は、4/3 を乗じたものを年次データとして計上している。

8

（2）時系列データを用いた将来残存戸数の推計方法の検討

　前項で整理した減失トレンドを用いて、建築時期別の将来残存戸数の推計方法を検討した。

　本スタディでは、減失トレンドを用いた推計方法として以下の3つの考え方の組み合わせを考える。

　考え方①は残存率の移動平均の実績値に基づいて行う方法である。ただし、既存の住宅ストックの減失は、着工されてから一定期間経過したのち、大きく増加する傾向があり、この傾向は建築時期コーホートごとに違いがあると考えられ、それが反映されないという欠点がある。

　上記の欠点を補う方法として、推計時期の残存率（減失率）を建築時期が最も近いコーホート（建築時期の階層が一つ古いコーホート）の実績値を当てはめて推計する方法が考えられる（下図の考え方②）。ただし、これは建築時期が最も近いコーホートは、推計対象のコーホートに含まれる住宅の性能等の属性に最も近く、将来の残存率も最も同じ動きをするであろうという仮説に基づいている。

　考え方③は、考え方①と同じ移動平均による推計だが、減失トレンドとして直近2期間の減失戸数の比（以下、減失速度と呼ぶ）を考える。

　残存戸数は築年数経過とともに減少するため、築年数が経過するほど残存率は大きくなる傾向にある。一方、減失速度は2時点間の減失戸数のみに着目するため、減失戸数の実績によっては将来推計の線形の傾きが過去の実績に比べ大きく緩和される可能性がある。

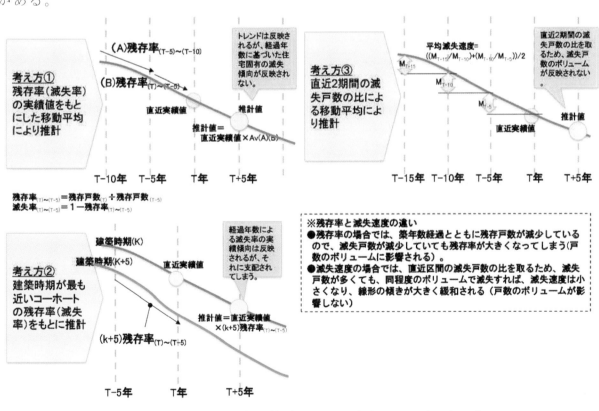

図　2-7　将来残存戸数の推計に用いる減失トレンドの考え方

尚、本スタディでは、考え方②と考え方③に基づいた推計を行い、その平均値をとっている。将来残存戸数の推計結果は以下のとおりである。

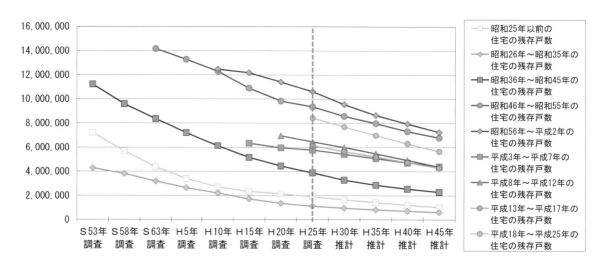

図　2-8　建築時期別の既存の住宅ストックの将来残存戸数推計結果

出典：総務省統計局「住宅・土地統計調査」をもとに作成

※平成25年調査までの数値は、将来残存戸数の推計に用いた実績値。

（３）建築時期別残存戸数の推移

　（２）でスタディを行った既存の住宅ストックについて、建築時期別の残存戸数の実績値および将来残存戸数を調査年次・推計年次別に整理し、世帯数の実績値および将来世帯数と比較したものが図 2-9 である。

　平成 25 年時点では既存の住宅ストックの残存戸数と世帯数はほぼ一致しているが、平成 45 年では、既存の住宅ストックの将来残存戸数は約 3,680 万戸となり、平成 45 年の将来世帯数（約 5,280 万世帯）と比較すると約 1,610 万戸の差がみられた。従って、20年間で一世帯一住宅を満たすために将来必要な供給量は 1,610 万戸（20 年間の年平均供給量：約 80 万戸）と試算された。

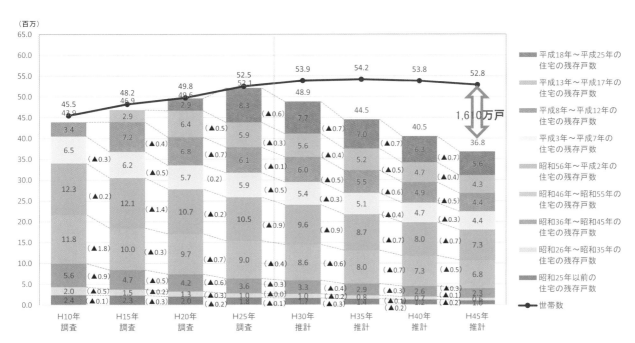

図 2-9 建築時期別、年次別の既存の住宅ストック戸数および将来残存戸数の推移

出典：総務省統計局「住宅・土地統計調査」国立社会保障・人口問題研究所公表データ等をもとに作成
※世帯数は、平成 25 年までは 2013 年 1 月公表値、それ以降は 2018 年公表値の一般世帯数（総数）を使用。
※既存の住宅ストック戸数について、平成 25 年までは、住宅・土地統計調査で公表されている居住世帯有り住宅の実績値、平成 30 年以降は、居住世帯有り住宅の平成 25 年までの建築時期別の残存戸数の 2 期間移動平均を実績値として推計した将来残存戸数の値。
※各調査年次で建築時期「不詳」のストック戸数については、建築時期別が判明している既存の住宅ストックの残存戸数の比率で按分のうえ計上している。

２－４ シナリオ設定と推計

（１）シナリオ設定の考え方

　前項までで、建築時期別の滅失トレンドを用いた、今後20年間における住宅ストックの将来残存戸数と、一世帯一住宅を満たすために将来必要な供給量の推計を行った。

　ここでは、建物の適正管理や修繕等による長期利用化や老朽住宅の更新促進等、滅失率に影響を与えるシナリオと、一度市場から退出した住宅ストックの再利用と言った供給量に影響を与えるシナリオを設定する。

　具体的には、既存の住宅ストックを下図のとおり３つの建築時期に分け、比較的築浅である建築時期が平成３年から平成25年のものと、老朽化が想定される建築時期が昭和55年以前のものについてシナリオを設定している。

　上記した建築時期別の住宅ストック（居住世帯有り住宅）に対するシナリオのほか、住宅ストックの利活用の観点から、住宅・土地統計調査を用いた残存戸数から除外されている空き家の住宅市場への再エントリーについてシナリオを設定することとした。

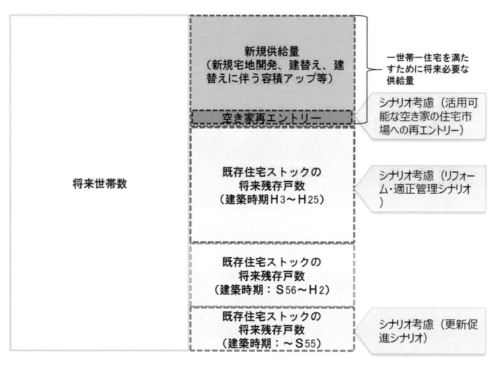

図　2-10　シナリオの設定イメージ

（２）リフォーム・適正管理シナリオ（H3年～H25年ストック）

比較的建築時期の新しい住宅ストックについては、現時点での腐朽・破損等のコンディションの状況や、今後の適性管理によっては、当該建築時期以前に建てられた住宅ストックの築年数経過による減失率よりも、低い減失率で推移する可能性がある。その考え方に基づいたシナリオを検討する上では、当該建築時期住宅の居住世帯の属性や、コンディションについて確認する必要がある。住宅・土地統計調査では、居住世帯有り住宅については、様々な情報を得ることができ、次頁以降に示すように、世帯主年齢階層別の従前の居住形態や、リフォーム実施の有無、腐朽・破損の有無について見ることができる。

平成21年以降に建築された持ち家について、所有者世帯の従前の居住形態を世帯主の年齢階層別に見ると、全体の約8割が従前の居住世帯が持ち家ではない、いわゆる一次取得者であることが見て取れる。なお、持ち家世帯全体の中でも特にボリュームゾーンである40代以下をみると、一次取得者の割合はさらに高くなっている（図 2-11）。

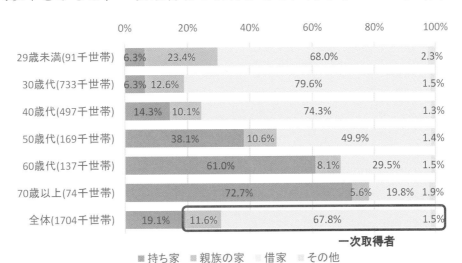

図 2-11 平成21年以降に建築された持ち家における所有者世帯の従前の居住形態

出典：総務省統計局「平成25年住宅・土地統計調査」

図 2-12 は、以下の2つを比較して示したものである。

①2－3の減失トレンドを用いて将来残存戸数の推計結果を用いて算出した、建築時期が平成3年以降の居住世帯有り住宅における平成30年の残存率

②平成25年の住宅・土地統計調査から得られる建築時期別の持ち家住宅に占める、リフォームを行った、あるいは、リフォームを行っていないが腐朽・破損がないものの割合

仮説として、平成25年調査時点で、「リフォームを行った」あるいは「リフォームを行っていないが腐朽・破損がない」との回答を得た住宅が、その後も適切な維持管理が行われ、平成30年調査時点でも、居住世帯有り住宅として残存しているとすると、その回答率（残存率）は、過去のトレンドをもとに推計した居住世帯有り住宅の平成30年の残存率を上回っていることになる。

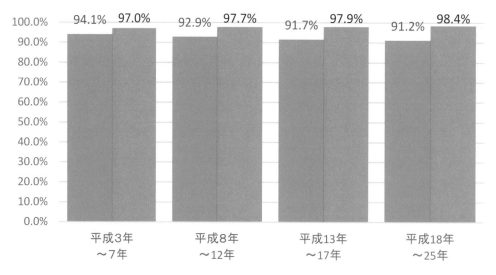

図 2-12 推計結果と住宅・土地統計調査からもとまる5年後残存ストック率の比較

出典：総務省統計局「平成25年住宅・土地統計調査」をもとに作成
※平成30年の既存の住宅ストックの残存率＝平成30年将来残存戸数÷平成25年ストック戸数
※「持ち家に占める平成30年に残存可能性の高い住宅ストック比率」とは、平成25年住宅・土地統計調査からもとまる、持ち家数に占める「リフォームを行った」あるいは「リフォームを行っていないが腐朽・破損がない」持ち家数の比率。なお、住宅・土地統計調査における「リフォーム」とは、「住宅の増改築や改修工事等をした」、「高齢者等のための設備の工事をした」、「住宅の耐震改修工事をした」のいずれかを実施したことをさす

　以上より、本スタディを行う上での建築時期が新しい住宅ストックについては、以下のとおりシナリオを設定する。

＜スタディ上のリフォーム・適正管理シナリオ＞
　建築時期が比較的新しい平成3年～平成25年の住宅ストックについては、入居者（所有者）は比較的年齢の若い一次取得者が多く含まれる。それら所有者による適正管理や改修等が行われることにより、住宅としての長期利用が図られ、滅失トレンドを用いて推計された将来残存戸数よりも、多く残存する。

（３）更新促進シナリオ（Ｓ55年以前ストック）

　（１）では、建築時期が比較的新しいものについては、適切な維持管理によって、滅失トレンドを用いた推計結果よりも多く残存するシナリオを設定したが、建築時期が古いこのグループについては、住宅ストックの更新を促進させるシナリオを設定している。

　建築時期別に、居住世帯に占める家計を主に支える者の年齢が65歳以上の世帯比率を見ると、建築時期が昭和55年以前の建物では、家計を主に支える者の年齢が65歳以上の世帯の比率が半数を超えている（図　2-13）。

　高齢者世帯の将来の推移についてみると、2015年に一般世帯数に占める65歳以上が世帯主の世帯の割合は36.0%、65歳以上が世帯主の単独世帯または夫婦世帯の割合は23.5%であるが、2035年にはそれぞれ41.3%、28.8%まで増加すると予想されている（図　2-14）。

　高齢者世帯が居住している築年数が古いこれらの住宅は、いずれ相続の時期を迎えることになる。住宅の相続件数の推移については、住宅・土地統計調査で見ることはできないため、ここでは他の統計を用いる。

　登記統計（法務省）では、相続やその他一般継承（会社の合併及び会社分割により発生する権利・義務の継承等）を原因とした建物の所有権移転登記個数を見ることができる。それによると、相続やその他一般継承を原因とした建物の所有権移転個数の推移は、直近10年間で1.4倍に増加しており、平成29年では61.6万個となっている（図　2-15）。

　尚、ここでいう「個数」とは、家屋番号が振られた建物の数を示している。

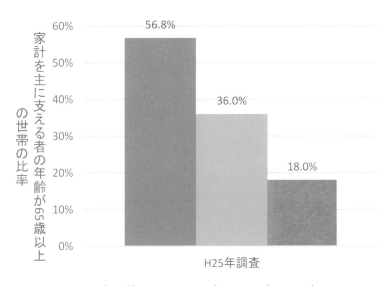

図　2-13　ストックの建築時期別・居住世帯に占める家計を主に支える者の年齢が
65歳以上の世帯比率

出典：総務省統計局「平成25年住宅・土地統計調査」

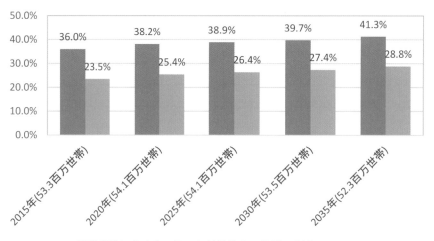

■一般世帯数に占める65歳以上が世帯主の世帯の割合
■一般世帯数に占める65歳以上が世帯主の単独世帯、夫婦世帯の割合

図 2-14 将来世帯数に占める高齢者世帯の割合の推移

出典：国立社会保障・人口問題研究所

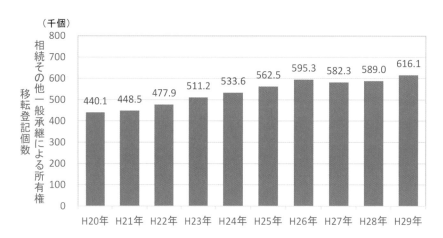

図 2-15 相続その他一般継承による不動産所有権移転個数の推移

出典：法務省「登記統計」

※相続その他一般継承による所有権移転登記には、個人の死亡による相続のほか、会社の合併及び会社分割により発生する権利・義務の継承が含まれる。

※相続その他一般継承による所有権移転時は売買による所有権移転登記のように法律による定めがないため実質義務化されておらず、統計で把握できる所有権移転登記個数の推移が、実際に相続の発生している住戸数の推移とは必ずしも合致しない。

以上より、本ケーススタディでは、建築時期が古い住宅ストックについて、以下のシナリオを想定する。

> ＜スタディ上の更新促進シナリオ＞
> 　建築時期の古い住宅ストックに居住している高齢者世帯の多くは今後概ね 20 年間で死亡し、それに伴う相続が発生する。一方、高齢者世帯の子どもが相続人となった場合、年齢的に相続が発生した時点で住宅を所有している可能性が高い。
> 　他方、空き家として放置されることを防ぐための各種政策的な取組みが展開されている状況も踏まえると、建築時期が古い住宅ストックについては、相続を契機とした解体・更地化、用途変更、建替え等の更新が進み、滅失トレンドを用いて推計された残存戸数よりも少なくなる（多く滅失する）。

（４）空き家の再エントリーシナリオ

供給量の内訳のうち、空き家の再エントリーについてもシナリオを設定する。

前述したように、住宅・土地統計調査で建築時期を把握できるのは居住世帯有りの住宅のみであり、空き家を含む居住世帯無しの住宅の建築時期は把握できない。よって、建築時期別の残存戸数を求めると、空き家は住宅ストックとして物理的に残存しているにもかかわらず、残存戸数からは除外される。この空き家を再度市場にエントリーさせ、居住世帯有り住宅となった場合、残存戸数としてカウントされることになる。

国土交通省が住宅・土地統計調査等をもとに行った推計では、平成25年時点で活用可能なその他空き家は約48万戸あるとされている。

よって、本スタディでは、今後概ね20年間に、一世帯一住宅を満たすために必要な供給量に含まれる空き家の再エントリー戸数を、国土交通省推計値にもとづき50万戸とする。

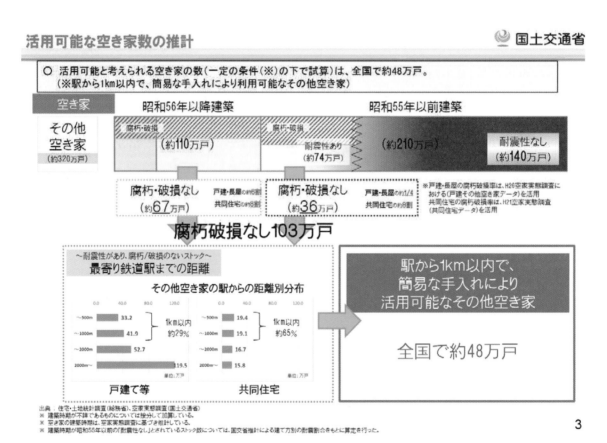

図 2-16 活用可能な空き家数の推計結果

出典：国土交通省公表資料

18

（5）シナリオを考慮した残存戸数の推計方法

　ここまで設定した各シナリオに沿って、既存の住宅ストックの将来残存ストック戸数を推計する。

図　2-17　各シナリオの考え方とシナリオを考慮した将来残存ストック戸数の推計方法の概要

１）リフォーム・適正管理シナリオ

リフォーム・適正管理シナリオにもとづく将来残存戸数の推計手順は以下のとおり。

- ● ＜ステップ１＞平成 25 年の住宅・土地統計調査を用いて、建築時期別の持ち家住宅全体に占める「リフォームを行った」あるいは「リフォームを行っていないが腐朽・破損がない」持ち家の比率を算出
- ● ＜ステップ２＞上記で算出した持ち家の比率を持ち家以外を含む居住世帯有り住宅全体にあてはめることとし、推計年次ごとに、建築時期別の住宅ストックの推計年時点の築年数に応じて、上記計算からもとまる比率を５年後残存率として設定
- ● ＜ステップ３＞（t+5）年の残存ストック戸数＝t 年の残存ストック戸数×（t+5）年の５年後残存率として、平成 30 年から平成 45 年までの将来残存戸数を推計

リフォーム・適正管理シナリオが考慮される各建築時期コーホートについて、滅失トレンドを用いた場合の将来残存戸数から求まる5年後残存率と、シナリオに従って設定した各年次の5年後残存率はそれぞれ以下のとおりであり、シナリオを考慮することで滅失トレンドを用いて推計した場合よりも5年後残存率は上昇する。

表 2-1 過去のトレンドにもとづく推計からもとまる5年後残存率

	H30年	H35年	H40年	H45年
平成3年〜平成7年	94.1%	93.5%	93.0%	93.3%
平成8年〜平成12年	92.9%	91.2%	90.2%	88.7%
平成13年〜平成17年	91.7%	92.3%	91.0%	90.5%
平成18年〜平成25年	91.2%	90.8%	90.4%	89.3%

表 2-2 シナリオにもとづいて設定する5年後残存率

	H30年	H35年	H40年	H45年
平成3年〜平成7年	97.0%	95.7%	93.0%	89.9%
平成8年〜平成12年	97.7%	97.0%	95.7%	93.0%
平成13年〜平成17年	97.9%	97.7%	97.0%	95.7%
平成18年〜平成25年	98.4%	97.9%	97.7%	97.0%

出典：総務省統計局「住宅・土地統計調査」をもとに価値総合研究所作成

※ただし、t+5年の5年後残存率＝t+5年の残存戸数÷t年の残存戸数

2）更新促進シナリオ

更新促進シナリオにもとづく将来残存戸数の推計にあたっては、前項で確認した各統計データの傾向をもとに、以下の仮定を置く。

（仮定1）平成25年から概ね20年後の平成45年をみた場合に、相続その他一般継承による所有権移転登記個数の平成25年から平成45年の増加率は、平成45年における更新促進シナリオにもとづく将来滅失戸数と滅失トレンドにもとづく将来滅失戸数との比率に等しい

（仮定2）総世帯数に占める高齢者のみ世帯数の割合と相続およびその他の一般継承による所有権移転登記個数との間には正の相関関係がある

（仮定3）相続その他一般継承による所有権移転登記個数における、相続による所有権移転登記個数とその他一般継承による所有権移転等個数の比率は年次に関わらず一定である

上記仮定のもと、以下の手順でシナリオを考慮した場合の将来残存戸数を推計した。

● ＜ステップ1＞総世帯数に占める高齢者のみ（高齢者単身世帯、高齢者夫婦世帯）世帯数の割合と相続その他一般継承による所有権移転個数について回帰式を算出

● ＜ステップ2＞回帰式を用いて、平成45年の相続その他一般継承による所有権移転個数を推計し、平成25年の所有権移転登記個数（実績値）からの増加率を算出

- <ステップ3＞上記算出結果を、更新促進シナリオにもとづく将来滅失戸数と滅失トレンドにもとづく将来滅失戸数との比率として設定
- <ステップ4＞（平成 25 年残存戸数）-（滅失トレンドにもとづく平成 25 年から平成 45 年の滅失戸数×更新促進シナリオにもとづく将来滅失戸数と滅失トレンドにもとづく将来滅失戸数との比率）として平成 45 年の将来残存戸数を推計

　総世帯数に占める高齢者のみ世帯数の割合と相続その他一般継承による所有権移転登記個数をもとに求めた回帰分析の結果は以下のとおり。決定係数は 0.9005 であり、正の相関関係が確認された。回帰分析により求めた回帰式を用いて推計した、相続その他一般継承による所有権移転登記個数の将来推計結果は図 2-19 のとおりであり、平成 45 年の所有権移転登記個数は平成 25 年の 1.306 倍にあたる 73.4 万個となった。この結果をもとに、本スタディでは、更新促進シナリオにもとづく将来滅失戸数と滅失トレンドにもとづく将来滅失戸数との比率を 1.3 と設定した。

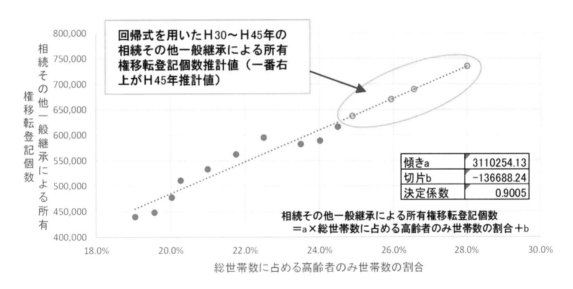

図　2-18　総世帯に占める高齢者のみ世帯数の割合と相続その他一般継承による
所有権移転登記個数の回帰分析結果

出典：法務省「登記統計」、国立社会保障・人口問題研究所公表データをもとに作成

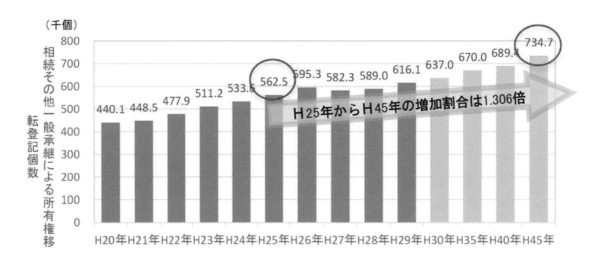

図 2-19 相続その他一般継承による所有権移転登記個数の将来推計結果

出典：法務省「登記統計」、国立社会保障・人口問題研究所公表データをもとに作成

※H29年までは法務省「登記統計」で公表されている実績値、H30年以降は本スタディでの推計値。

※推計結果を含め、相続その他一般承継による所有権移転登記個数の中には、個人の死亡による相続のほか、会社の合併及び会社分割により発生する権利・義務の継承が含まれる。

（６）シナリオを考慮した場合の将来残存戸数推計結果

　シナリオを考慮した場合の、平成45年時点の建築時期別の将来残存戸数、および一世帯一住宅を満たすために将来必要な供給量の推計結果を、滅失トレンドを用いた場合の推計結果と比較整理すると下図になる。

　建築時期別にみていくと、昭和55年以前のものでは、更新促進シナリオを考慮することで滅失トレンドを用いた場合に比べて滅失戸数が増加し、将来残存戸数の推計値が約170万戸少なくなる結果となった。

　次に建築時期が平成3年から平成25年のものをみると、リフォーム・適正管理シナリオを考慮することで、滅失トレンドを用いた場合に比べ、将来残存戸数の推計値が約390万戸多くなる結果となった。

　住宅ストック全体でみると、シナリオを考慮した場合の将来残存戸数の推計値は約3,900万戸となり、滅失トレンドを用いた場合（約3,680万戸）に比べ約220万戸多くなる結果となった。それに伴い、シナリオを考慮した場合の一世帯一住宅を満たすために将来必要な供給量は1,390万戸となった。なお、この供給量から（４）で設定した空き家の再エントリーシナリオにもとづき、一世帯一住宅を満たすために将来必要な供給量に占める空き家の再エントリー戸数（50万戸）を除くと、新規宅地開発、建て替え、建て替えに伴う容積率アップ等などの新規供給量は約1,340万戸（年平均：約67万戸）と試算された。

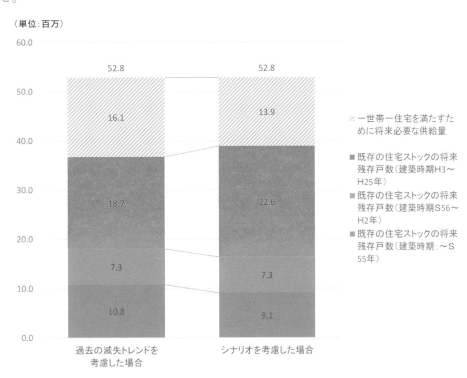

図　2-20　シナリオを考慮する場合と滅失トレンドを考慮する場合の平成45年の将来残存戸数
　　　　　および一世帯一住宅を満たすために将来必要な供給量の推計結果の比較

出典：総務省統計局「住宅・土地統計調査」、国立社会保障・人口問題研究所公表データ等をもとに作成

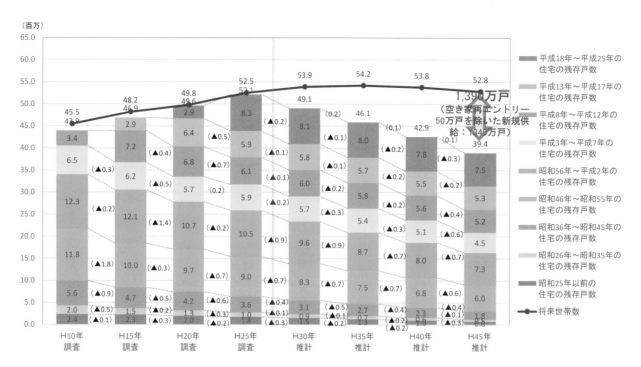

図 2-21 シナリオを考慮した場合の建築時期別、年次別の既存の住宅ストックの将来残存戸数推移

出典：総務省統計局「住宅・土地統計調査」、国立社会保障・人口問題研究所公表データ等をもとに作成

※世帯数は、平成25年までは2013年1月公表値、それ以降は2018年公表値の一般世帯数（総数）を使用。

※既存の住宅ストック戸数について、平成25年までは、住宅・土地統計調査で公表されている居住世帯有り住宅の実績値、平成30年以降は、居住世帯有り住宅の平成25年までの建築時期別の残存戸数の2期間移動平均を実績値として推計した将来残存戸数の値。

※各調査年次で建築時期「不詳」のストック戸数については、建築時期別が判明している既存の住宅ストックの残存戸数の比率で按分のうえ計上している。

※更新促進シナリオを反映している建築時期が昭和55年以前の平成30年から平成40年の残存ストックは、平成25年と平成45年との差分を均等配分し平成25年のストックから差し引いた値。

2－5 住宅・土地統計調査を利用する際の留意点や課題

　ここまで、住宅・土地統計調査を用いた将来の滅失・更新の見通し及び一世帯一住宅を満たすために必要な供給量の見通しについてのスタディを行った。本スタディを通して得られた住宅・土地統計調査を用いる上での留意点を、以下に整理する。

①建築時期別の物理的な滅失は捕捉不可能

　住宅・土地統計調査では、空き家を含めた総住宅ストック数、居住世帯有り住宅のストック数、居住世帯無し住宅のストック戸数は捉えられるが、本スタディのように、建築時期別の住宅ストックの残存戸数を捉えようとした場合には、建築時期の情報が得られる居住世帯有りの住宅のみが対象となり、それらの調査年次ごとの差を取った場合、その差分には、「居住世帯有り」ではなくなった住宅（用途が変わったものや空き家になったもの等）が含まれ、それらを分離抽出することができない。

②調査年次による建築時期の区切りが異なる場合がある

　本スタディでは、居住世帯有り住宅の長期時系列データから得られる滅失トレンドを用いた将来推計を行うため、居住世帯有り住宅を建築時期別に整理し長期時系列データを整理した。しかしながら、住宅・土地統計調査では、2－3でも整理したとおり、調査年次が新しくなると、古い建築時期コーホートが括られるため、同一レンジ（例えば、建築時期 10 年刻み等）によるコーホートをつくることができない。

③集計区分の細分化に伴う統計誤差の影響の拡大

　本スタディのように、建築時期別に残存戸数を捉えようとすると、拡大推計による誤差の影響が大きくなるため注意を要する。なお、本スタディでは、全国の居住世帯有り住宅について建築時期別に将来残存戸数の推計を行っているが、所有の別（持ち家、借家等）、構造の別（木造、非木造等）、建て方の別（一戸建て、共同住宅等）など集計区分が細分化するほど、上記の影響が大きくなる可能性がある（参考：6－2）。

④建築時期「不詳」のストックの按分による残存戸数への影響

　本スタディでは、居住世帯有りの住宅に関する将来残存戸数の推計を行うため、各調査年次で建築時期が不詳の住宅ストック戸数について当該調査年次の建築時期が判明している既存の住宅ストックの残存戸数の比率で按分し上乗せしている。

しかしながら、住宅・土地統計調査は世帯を対象としたアンケート調査であることを踏まえると、建築時期が不詳の住宅ストック戸数には、建築時期が古いものが多く含まれていると想定され、それを建築時期が判明している既存の住宅ストックの残存戸数の比率で按分することにより、本来の建築時期別構成比にゆがみを生じさせている可能性が高い。このことは、本スタディで行っている残存戸数の算出結果にも影響を与えていると考えられる。

⑤建築時期が調査年次のストック戸数の取り扱い

住宅・土地統計調査では、調査の特性上、建築時期が調査年次の住宅に関する居住世帯有り住宅のストック戸数は1月から9月のものとなっており、10月から12月は含まれない。本スタディでは、居住世帯有り住宅の将来残存戸数の推計のため、建築時期が平成25年1月から9月の居住世帯有り住宅を4/3倍することで当該年次データとしている。

調査年次が建築時期のもので居住世帯有りになるものとしては、新築供給されるもの、築年が古いもので大規模な改修や建て増しがあったものの二つがある。これらの供給量を表すデータとして、国土交通省「建築着工統計調査」の新設住宅着工戸数のうち持家と分譲住宅について月次推移をみると、年次によってばらつきがあるものの、10月から12月の着工戸数は1月から9月と比較しても高い水準にあり、各年次の月次戸数の1月-9月平均と1月-12月平均を比較しても1月-12月平均の方が1月-9月平均を上回っていることが見てとれる。

したがって、本スタディで行った1月から9月の値を4/3倍する手法では当該年次の居住世帯有りのストック戸数としては過小評価の可能性が考えられる。

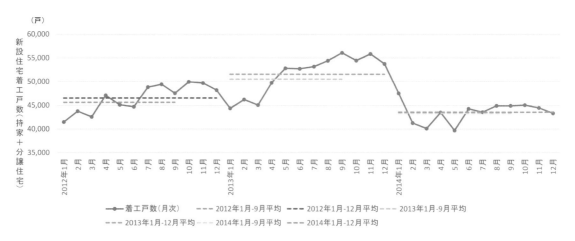

図 2-22 2012年から2014年の持ち家および分譲住宅の新築住宅着工戸数の月次推移

出典：国土交通省「建築着工統計調査」

26

３．住宅関連分野以外で住宅分野の調査に利用可能な公的データ

　前項まで、住宅・土地統計調査を使用したケーススタディと、それをもとにした住宅・土地統計調査を取り扱う際の留意点について整理した。

　住宅関連分野の公的データとしては、住宅・土地統計調査以外にも、住宅の新規供給量を月次、年次で把握可能な建築着工統計調査、建築物の除却・災害を原因とした建築物の滅失に関する建築物滅失統計調査、居住環境を含めた住生活全般に関する実態や居住者の意向・満足度等を把握するため５年に一度調査を行っている住生活総合調査、空き家等の利用状況、管理実態などを把握するため、住宅・土地統計調査で調査対象となった空き家所有者の一部を対象にほぼ５年に一度調査を行っている空家実態調査等、我が国の住宅政策の基礎資料とすることを目的としたものが多数存在する。

　一方で、住宅統計を目的としたものではない公的データの中にも、住宅取引に関連して発生する法的手続きや不動産に関する税制などとの関係から、住宅関連データとして利用可能なものがあり、実際に住宅分野の調査研究に活用されているものもある。

　ここでは、住宅統計を目的としたもの以外の公的データの中で住宅分野の調査研究に使用されているものについて、データの概要、住宅関連データとして使用する際に捉えている範囲や使用する際の留意点等について紹介していく。

３－１　中古住宅流通に関連する公的データ

　中古住宅流通量に関連する公的データとして、建物売買による所有権移転登記個数、家屋の継承分に係る不動産取得税課税件数を紹介する。

（１）各データの概要

１）建物売買による所有権移転登記

　建物売買による所有権移転登記個数は、建物の所有権移転の原因が「売買」として発生、申請された所有権移転登記をカウント対象とした公的データである。建物の売買による所有権移転登記は、民法 177 条および不動産登記法により義務化されている。

　登記のカウント単位としては「件数」と「個数」があるが、「件数」が登記申請件数自体をカウントしているのに対し、「個数」は登記申請のあった家屋番号単位の建物がカウント対象となっている。建物売買による所有権移転登記個数は、各法務局、出張所への登記申請をベースに集計され、法務省の「登記統計」として月次、年次で件数、個数が公表されている。全国計のデータのほか、法務局及び地方法務局単位でもデータが公表されている。

２）家屋の承継分に係る不動産取得税課税件数

　家屋の承継分に係る不動産取得税課税件数は、地方税法に基づき、有償・無償を問わず既にある住宅を取得（承継取得）した際に発生する不動産取得税の課税対象となる建物を対象としてカウントした公的データである。この承継取得には、売買、交換、贈与、財産分与等が含まれる。地方税法第73条の２第１項により、不動産を取得した日に納税義務が発生するため、家屋の承継取得が発生することで１カウントとなる。なお、新築を取得する場合は、既にある不動産ではなく新たな不動産の取得（原始取得）に該当する。

　家屋の承継分に係る不動産取得税の課税件数は、地方自治体からの報告をもとに集計され、総務省の「道府県の課税状況に関する調」として年次データが公表されている。統計データ内では、家屋の種類として、木造、非木造の別、専用住宅、併用住宅、その他の区分別に課税対象件数を把握することが可能である。

（２）住宅関連の公的データで把握している中古住宅流通の範囲との比較

１）中古住宅の売買取引との関係整理

　建物売買による所有権移転登記個数では、売買が原因となった建物の所有権移転登記がカウントの対象となっているため、「既存建物の売買が発生した回数」と捉えることができる。

　家屋の承継分に係る不動産取得税課税件数については、新築分に係る不動産取得税課税件数はカウントの対象外となっている。前述のとおり、不動産取得税が発生するのは不動産の取得日である。また、専用住宅、併用住宅、その他のそれぞれについて件数が把握可能なことから、「承継による中古住宅の取得が発生した回数」と捉えることができる。

　一方で、住宅・土地統計調査では、個人が持ち家として取得し、調査時点で居住している住宅戸数を捉えている。

　例えば、１戸の中古住宅について１年の間に２回売買取引がなされ最終的に個人が持ち家として取得・入居した場合、流通した住宅戸数は１であるが、建物売買による所有権移転登記は２回発生する。不動産取得税課税件数も同様で、承継による中古住宅の取得が２回発生し課税件数は２となる。

　つまり、各公的データが中古住宅として捉えている単位を比較すると、住宅・土地統計調査では中古住宅流通を「戸数」として捉えているのに対し、建物売買による所有権移転登記個数および家屋の継承分に係る不動産取得課税件数では、中古住宅流通を「回数」として捉えているといえる。

図　３-１　住宅・土地統計調査と所有権移転登記個数、不動産取得税課税件数の流通定義の違い

２）流通回数として含まれる建物の種類

　建物売買による所有権移転登記個数と家屋の承継分に係る不動産取得税課税件数を「中古住宅流通回数」としてみる場合には、各データの特性について理解しておく必要がある。

　建物売買による所有権移転登記個数は、前述のとおり売買を原因とした所有権移転登記個数をカウントしている。そのため、登記個数としてカウントされている建物の中には、住宅と非住宅の両方が含まれている。また、住宅・土地統計調査では中古住宅流通量として個人が居住目的で持ち家として取得した住宅を把握しているが、建物売買による所有権移転登記個数の中には、取得者が法人のものが含まれる。また、取得者が個人であっても実際の用途が居住用ではないもの等が含まれている。これらの内訳は、登記統計では把握することができない。

　次に家屋の承継分に係る不動産取得税課税件数であるが、ここでの「承継」には、売買のほか、交換、贈与、財産分与等が含まれている。また、地方税法第73条の2第2項では、「家屋が新築された日から六月を経過して、なお、当該家屋について最初の使用又は譲渡が行われない場合には、当該家屋が新築された日から六月を経過した日において家屋の取得があったものとみなし、当該家屋の所有者を取得者とみなして、これに対して不動産取得税を課する。」とある（ただし、地方税法附則第10条の2第1項で、当該家屋の新築が平成10年10月1日から平成32年3月31日までの間に行われたときに限り、「六月」ではなく「一年」とすることが記載されている）。

　つまり、家屋の承継分に係る不動産取得税課税件数には、新築物件で6か月または1年以内に売却されなかった場合にその時点の所有者（不動産業者等）が一時的に取得者となって納税した件数もカウントされていることになる。なお、課税件数の中には取得者が法人の住宅や、取得者が個人であっても実際の用途が居住用でないものも含まれている点は、建物売買による所有権移転登記個数と同様である。

　以上を踏まえ、各公的データのカウント対象と、中古住宅流通の観点から捉えているデータの範囲を整理すると図　3-2のとおりである。

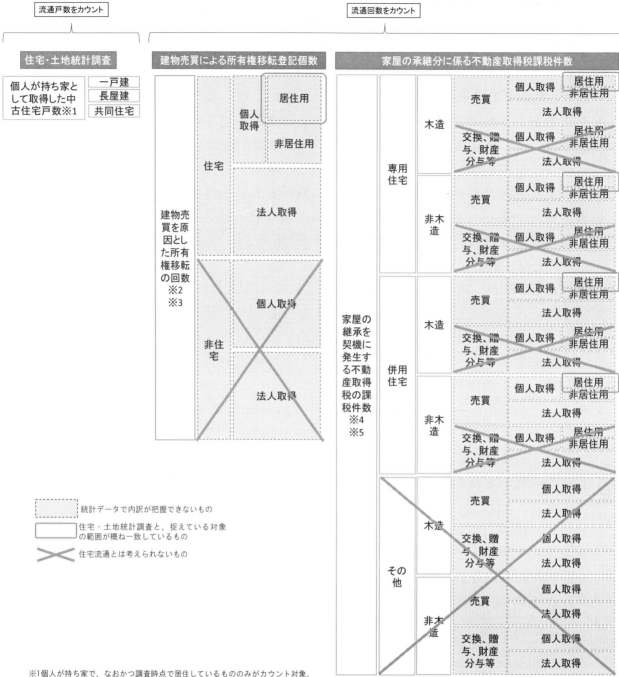

※1 個人が持ち家で、なおかつ調査時点で居住しているもののみがカウント対象。
※2 所有権移転登記個数の中には、非住宅のものが含まれる。
※3 建物の取得者としては個人と法人、利用用途として居住用とそれ以外が含まれる。また、同一物件が1年間で2回所有権移転された場合のカウントは2となる。
※4 「家屋の継承」には、売買のほか、交換、贈与、財産分与等が含まれており、統計データでは内訳を把握できない。
※5 地方税法の規定により、販売から一定期間（6か月または1年）を超えてから売却された新築住宅については一度販売業者が取得者となり取得税を納税した、いわゆる「みなし既存」がカウントされており、統計データではその内訳を把握できない。

図 3-2 住宅関連以外の公的データと住宅・土地統計調査で把握している中古住宅流通の比較

3）各公的データのカウントのタイミング

　住宅・土地統計調査では、中古住宅のカウントのタイミングが「入居時点」となっている。

　一方、ここで紹介しているデータはいずれも法律で定められた手続きが行われた時点がカウントのタイミングになり、建物売買による所有権移転登記個数であれば所有権移転登記時点、家屋の承継分に係る不動産取得税課税件数であれば当該家屋の取得時点となる。

　しかしながら、現実の中古住宅の購入から入居までの流れを考えると、例えば住宅購入後にリフォーム工事を行いそれが完了してから入居するなど、建物売買に係る手続きの時期と入居時期は一致しないケースがあることが予想される。

　月次データが取得可能な建物売買による所有権移転登記個数の 2012 年から 2014 年の月次推移をみると、12 月の登記個数が比較的多く、翌月、翌々月には数が減少する傾向がみられている（図 3-4）。前述のように建物売買の手続きと入居にタイムラグが発生する場合、住宅・土地統計調査とここで紹介した公的データでは、カウントの年次がずれる可能性がある。

　また、住宅・土地統計調査は、調査年次に持ち家として取得（入居）した中古住宅数として把握できるのが、1 月から 9 月までのみとなる。平成 25 年住宅・土地統計調査であれば、下図の緑で示した時期に購入・入居した中古住宅数は、5 年後に継続居住しているものを除いて捉えることはできない。

図 3-3　住宅・土地統計調査と所有権移転登記個数、
不動産取得税課税件数のカウントのタイミングの違い

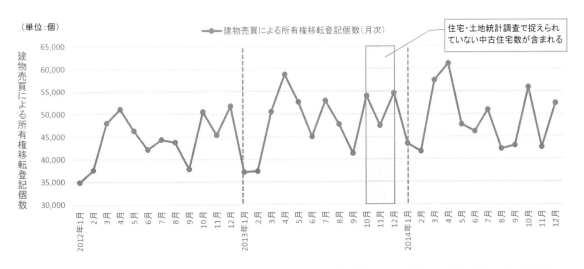

図 3-4　2012 年から 2014 年の建物売買による所有権移転登記個数の月次推移（全国計）

出典：法務省「登記統計」

31

３－２ 住宅ストックに関連する公的データ

（１）データの概要

　住宅ストック量を表現する公的データとしては、その代表として住宅・土地統計調査があり、これまでその特徴を整理してきたが、ここでは家屋に係る固定資産税課税棟数を紹介する。

　家屋に係る固定資産税課税棟数は、地方税法第 342 条により固定資産税の課税対象となった家屋を対象として、棟数ベースでカウントしたものである。ここで、「棟数」とは、「家屋を評価する場合における計算単位となる家屋の数」をさす。また、課税対象となる建物は、地方税法第 348 条で非課税と定められたもの（国や地方公共団体、社会福祉法人や学校法人等が所有するもので、例えば、公衆用道路、公園、社会福祉施設、学校施設等）を除く建物である。

　調査時点は、地方税法第 359 条により当該年度の初日の属する年の 1 月 1 日となっている。そのため、例えば、平成 30 年度調査であれば調査時点は平成 30 年 1 月 1 日となる。

　家屋に係る固定資産税課税棟数は、「固定資産の価格等の概要調書」として総務省が毎年調査、公表を行っている。統計データ内では、木造とそれ以外で建物用途別の棟数が可能なほか、直近 1 年の間に新築、増築された家屋について別途把握が可能である。なお、平成 20 年度以降の調査については、全国ベースの数値の他、市町村別の結果も公表されている。

（２）住宅関連の公的データで把握している住宅ストックとの比較

　前述のとおり、家屋に係る固定資産税課税棟数のカウント対象には住宅以外の建物も含まれるが、統計データ上は、次頁の図 3-6 のとおり、構造別、用途別のデータが取得可能である。棟数単位であるため、区分所有建物の場合も、統計上のカウントは 1 となる。これは、区分所有者の固定資産税額が、建物一棟に係る固定資産税額をベースに各区分所有者の専有部分の床面積割合による按分で決定するためである。

　一方で、住宅・土地統計調査では住宅ストックを「戸数」としてカウントしており、両データではカウントの単位が異なる。

　また、調査時点が 1 月 1 日のため、同一年次でも 1 月 2 日以降に課税対象となった建物については翌年度調査結果の公表まで把握ができない点も注意が必要である。

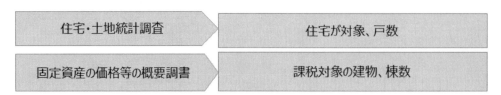

| 住宅・土地統計調査 | 住宅が対象、戸数 |
| 固定資産の価格等の概要調書 | 課税対象の建物、棟数 |

図 3-5　住宅・土地統計調査と固定資産の価格等の概要調書の違い

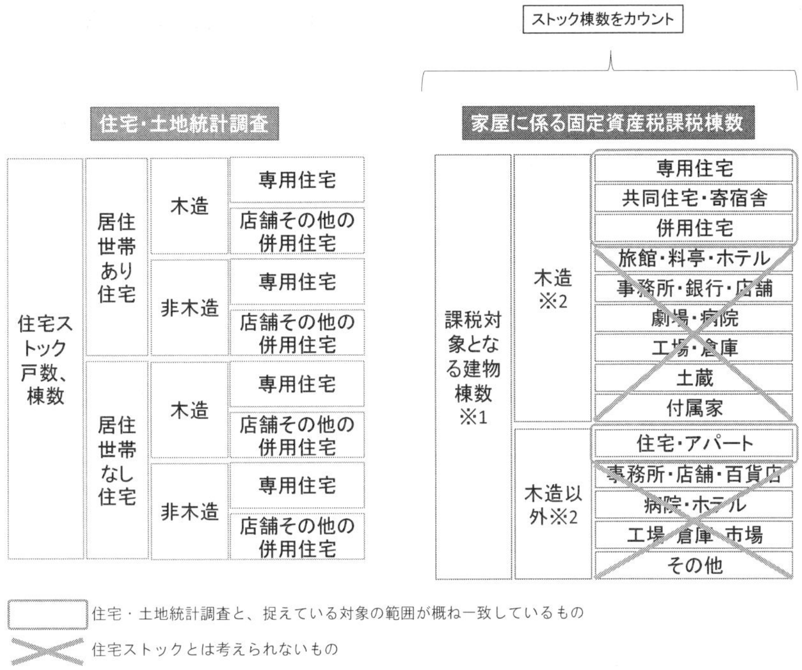

※1例えば、区分所有の分譲マンションの場合、マンション内の住戸数ではなく1棟としてカウント
※2建物の用途は、固定資産税額の算出に用いる固定資産税評価基準の区分による。所有者が個人・法人の両方が含まれる

図 3-6 住宅・土地統計調査と家屋の固定資産税課税棟数で把握可能なデータの違い

３－３ 住宅関連分野以外の公的データを利用する際の留意点

　ここまで、中古住宅流通量、住宅ストック量について、住宅統計を目的としていないが、住宅関連の調査研究で実際に使われている公的データを紹介してきた。

　いずれの公的データでも共通していることとしては

　　　①住宅・土地統計調査よりも調査年次のスパンが短く速報性がある

　　　②サンプル調査ではなく法律に従い必要となる手続きをベースにした全数調査

があげられる。

　一方で、いずれも住宅統計とは別の目的で整備、公表されているデータであるため、カウント対象となっているものの中には、住宅関連の公的データで捉えている定義にはあてはまらないものも含まれており、それらを分離・抽出できない場合が多い。また、法律にもとづく申請や手続きが発生する時点がカウントのタイミングとなるため、住宅・土地統計調査で捕捉しているイミングとは必ずしも一致しない。

　ここで紹介した公的データを利用する際は、上述の留意点を踏まえつつ、そのデータにより捉えられる内容を確認した上で、住宅関連の調査研究に使用することが必要である。

　なお、３－２で紹介した家屋に係る固定資産税課税棟数では、ホテル、事務所、病院、工場等の非住宅の建物棟数が把握可能である。住宅ストックを戸数で捉えるのに対し、非住宅ストックは棟数で捉えるため、既往の調査研究では、非住宅ストック量として固定資産税の価格等の概要調書の非住宅の建物棟数を用いているものもみられる。

表 ３-1　住宅関連分野以外の公的データ活用の際のメリット・デメリット

メリット	デメリット
● 速報性が高い ● 法律に基づいた手続きの対象となった全数	● 住宅・土地統計調査のカウント時期と異なる ● 住宅の定義や単位を住宅・土地統計調査と合わせることができない、抽出分離できない

４．公的データ以外の住宅関連分野のデータの整理

　３．では、住宅統計を目的としたもの以外に住宅分野の研究で使われている公的データについて整理した。
　住宅関連データとしては、公的データのほか、民間企業等でもマンション販売戸数や建物ストックデータなどの公表や販売提供を行っている。ここでは、民間企業等が提供している住宅関連データの中でも主要なものを紹介するとともに、公的データで捉えている範囲との比較を行う。

４－１　住宅ストックに関連するデータ

（１）データの概要

１）東京カンテイのストックデータ

　東京カンテイデータは、不動産デベロッパーや仲介会社、銀行・証券会社、公的機関等が行う不動産関連業務支援を目的に株式会社東京カンテイが整備、提供しているデータベースであり、マンションと土地（上物付きを含む）について、個別物件の情報を収集、整備している。データの利用には法人会員登録（有償）が必要となる。
　マンションデータについては、民間分譲マンションだけでなく公団・公社が分譲した物件や、タウンハウスやテラスハウスなどの低層物件、ワンルームマンションなども含めた「区分所有形態の居住用建築物」を対象としている。分譲マンションなどの場合、マンション１棟単位の情報だけでなく、マンション内の住戸ごとに情報をデータベース化している。売出事例は雑誌、インターネットといったメディアや折り込みチラシや投函チラシを含めた広告情報、取引事例は会員登録をしている法人企業からの情報提供による。整備している情報は、建築概要や立地・交通条件、分譲時の価格、図面など約 200 項目に渡る。また、新築時の情報だけでなく、中古住宅の取引事例、賃貸用として利用している場合は賃料情報を保有している。また、土地データでも、上物として戸建て住宅等が建てられている場合は、マンションデータと同様に建物情報を保有している。
　2019 年 2 月時点では、マンションデータについて、全国での登録総戸数が約 730 万戸、登録棟数が約 15.6 万棟となっており、うち首都圏（１都３県）で登録総戸数が約 380 万戸、登録棟数が約 8.6 万棟と全体の半数超を占めている。また、土地データについては、土地のみのものも含め全国で約 2,300 件のデータを保有している。物件情報は適宜更新されており、専任スタッフにより１日 2,000 件以上の登録処理が行われている。
　ストックデータとしては、新築分譲後、中古売買や賃貸利用をした場合の賃料などの経過を個別物件ベースで把握することができるのが最大の特徴である。

2）ゼンリンのストックデータ

　ゼンリンデータは、民間企業のマーケティング業務支援を主たる目的として株式会社ゼンリンが整備しているデータである。

　個別の建物について、自社で作成販売している住宅地図情報と独自調査をもとに、住所、建物名、建物の階数、総部屋数、延べ床面積、緯度経度のほか、独自基準による建物分類といった情報が整備されている。

　この建物分類は大きく住居系、商業施設系、事業所系があり、住居系は個人の住宅やマンション、アパート、寮・社宅、事業所兼住宅等 7 分類、商業施設系は商業複合系、オフィス複合系等 4 分類、事業所系は飲食、物販、サービス、金融・保険、娯楽、医療・福祉、公共等業種別で 27 分類に細分化されており、各建物に該当する分類情報が付与される。個別の建物についての情報のほか、緯度経度の情報が整備されているため、GIS（Geographic Information System：地理情報システム）データとして地図上に建物位置の表示ができる点が特徴的である。

　現在は、全国で約 3,800 万棟分の建物データが整備されている。データ内容は毎年更新されている。データベースはパッケージ商品として販売している。住宅以外も含めた全ての建物についてのデータベース以外に、建物分類が「住居系」あるいは「商業施設系のうち商業複合系建物、オフィス複合系建物（いずれも住居系の部屋が建物内にあるもの）」のみに限定したデータベースも別途販売されている。

（2）公的データとの比較

1）捉えている住宅の範囲の違い

　前頁で紹介した 2 つの民間データと、住宅・土地統計調査のそれぞれが捉えている住宅の範囲を比較する。

　前述のとおり、東京カンテイデータでの対象は、「居住用の区分所有建物」と「土地（上物付き含む）となっている。特に「居住用の区分所有建物」については、民間分譲住宅以外に公団・公社が分譲した物件やテラスハウス、タウンハウスなど幅広く、住宅・土地統計調査では「長屋建て」「共同住宅」がこれに該当する。また、土地については上物として戸建て住宅等居住用物件がついたものが対象といえる。なお、収集・保有しているのが販売事例、取引事例のため、住宅・土地統計調査における「その他空き家」のように、取引市場にエントリーされない物件は捕捉できていない。

　ゼンリンデータでは、住宅地図をベースにしているため、取引市場にエントリーされていない住宅も含めた建物データとなる。ただし、住居系の建物分類については、住宅・土地統計調査の分類とは一致しない。

　以上を踏まえて、住宅・土地統計調査とここで紹介したデータがそれぞれ捉えている範囲を図 4-1 に整理する。

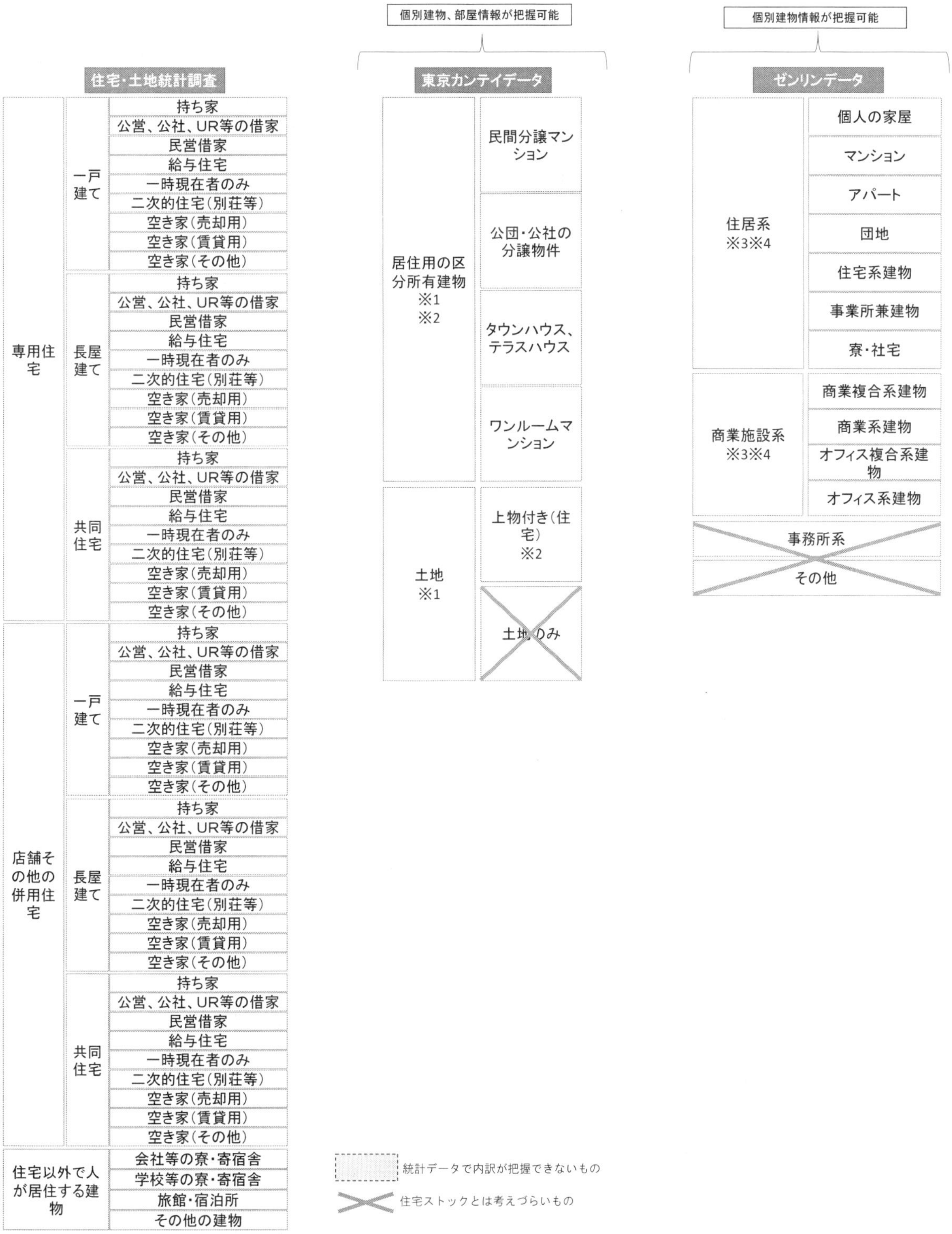

個別建物、部屋情報が把握可能

個別建物情報が把握可能

住宅・土地統計調査

専用住宅	一戸建て	持ち家
		公営、公社、UR等の借家
		民営借家
		給与住宅
		一時現在者のみ
		二次的住宅（別荘等）
		空き家（売却用）
		空き家（賃貸用）
		空き家（その他）
	長屋建て	持ち家
		公営、公社、UR等の借家
		民営借家
		給与住宅
		一時現在者のみ
		二次的住宅（別荘等）
		空き家（売却用）
		空き家（賃貸用）
		空き家（その他）
	共同住宅	持ち家
		公営、公社、UR等の借家
		民営借家
		給与住宅
		一時現在者のみ
		二次的住宅（別荘等）
		空き家（売却用）
		空き家（賃貸用）
		空き家（その他）
店舗その他の併用住宅	一戸建て	持ち家
		公営、公社、UR等の借家
		民営借家
		給与住宅
		一時現在者のみ
		二次的住宅（別荘等）
		空き家（売却用）
		空き家（賃貸用）
		空き家（その他）
	長屋建て	持ち家
		公営、公社、UR等の借家
		民営借家
		給与住宅
		一時現在者のみ
		二次的住宅（別荘等）
		空き家（売却用）
		空き家（賃貸用）
		空き家（その他）
	共同住宅	持ち家
		公営、公社、UR等の借家
		民営借家
		給与住宅
		一時現在者のみ
		二次的住宅（別荘等）
		空き家（売却用）
		空き家（賃貸用）
		空き家（その他）
住宅以外で人が居住する建物		会社等の寮・寄宿舎
		学校等の寮・寄宿舎
		旅館・宿泊所
		その他の建物

東京カンテイデータ

居住用の区分所有建物 ※1 ※2	民間分譲マンション
	公団・公社の分譲物件
	タウンハウス、テラスハウス
	ワンルームマンション
土地 ※1	上物付き（住宅）※2
	土地のみ（×）

ゼンリンデータ

住居系 ※3※4	個人の家屋
	マンション
	アパート
	団地
	住宅系建物
	事業所兼建物
	寮・社宅
商業施設系 ※3※4	商業複合系建物
	商業系建物
	オフィス複合系建物
	オフィス系建物
事務所系（×）	
その他（×）	

□（点線）…統計データで内訳が把握できないもの

×…住宅ストックとは考えづらいもの

※1 住宅・土地統計調査における長屋建ておよび共同住宅のうち、持ち家、借家、一時現在者のみ住宅、二次的住宅、空き家（売却用、賃貸用）の区分に該当するものが含まれると予想される
※2 新築・中古の両方について、物件自体の情報（面積、構造等）のほか、売出、取引の状況を把握可能
※3 建物分類はゼンリン独自のもののため、住宅・土地統計調査で把握可能な内訳とは合致しない
※4 住宅・土地統計調査で捉えている住宅のうち、持ち家、借家、一時現在者のみ住宅、二次的住宅、空き家（売却用、賃貸用、その他）の区分に該当するものが含まれると予想される

図 4-1 公的データと民間データで捉えている住宅ストックの範囲の比較

２）その他違い

　住宅・土地統計調査と比較した際に、捉えている住宅の範囲以外の違いについても整理する。

　東京カンテイデータ、ゼンリンデータとも共通しているのが、独自調査により個別の建物、住戸ごとのデータを保有している点である。また、住宅・土地統計調査の公表が５年に一度であるのに対し、東京カンテイデータは適宜、ゼンリンデータは１年に情報が更新されるため、速報性は高い。

　下表で、改めて各データの概要について整理する。

表 4-1　取引市場のストックに関連する民間データの概要

データ出所	データ作成方法・特徴	データ利用
東京カンテイデータ（不動産データベース）	＜マンションデータ＞ ● マンションデータでは、民間分譲マンション以外に、公団・公社が分譲した物件、タウンハウスやテラスハウスなどの低層物件、ワンルームマンション等「区分所有形態の居住用建築物」が対象 ● 全国の新聞広告、住宅情報誌、折りこみチラシ、不動産仲介会社やデベロッパーから個別建物、住戸に関する情報を収集、作成 ● 物件ごとに、建築概要や立地・交通条件、分譲時の価格など約200項目を整備 ＜土地データ＞ ● 土地データで、上物として戸建て住宅がある場合は当該住宅についてもマンションデータと同様に情報を保有 ● マンションデータの全国の登録総戸数約730万戸、土地データの価格件数（土地のみのものを含む）は約2,300万件（2019年2月時点） ● 情報更新は適宜	● 有償（法人会員向けサービス）
ゼンリンデータ（建物ポイントデータ）	● 住宅地図をベースに全国の建物について、建物ごとに所在地、面積、部屋数、建物分類等の情報を整備 ● 全国約3,800万棟の建物をデータベース化 ● 個人の家屋、マンション、アパート等の分類ごとに建物数、住戸数が把握可能（ただし、建物分類はゼンリン独自のもの） ● 住宅以外（非住宅）の建物についても情報を整備 ● 情報更新は年に1回	● 有償（データベースの販売）

出典：HP等をもとに作成

4－2 新規供給、既存流通に関するデータ

（1）データの概要

1）既存流通関連～レインズデータ～

　中古住宅流通量を表すデータとして、国土交通省から指定を受けた不動産流通機構が運営する Real Estate Information Network System（不動産流通標準情報システム：略称レインズ。以降、レインズとする）が保有するデータがある。

　レインズは、不動産の取引に関する媒介の円滑化を目的とした不動産情報交換のためのコンピュータ・ネットワーク・オンラインシステムである。媒介の際には依頼者と依頼先の不動産業者の間で媒介契約を結ぶが、契約の内容が専属専任媒介契約あるいは専任媒介契約の場合は、宅地建物取引業法により媒介契約内容のレインズへの登録が義務付けられている。レインズを運営する団体は公益財団法人東日本不動産流通機構（以下、東日本レインズとする）、公益社団法人近畿不動産流通機構（以下、近畿レインズとする）、公益社団法人中部不動産流通機構（以下、中部レインズとする）、公益社団法人西日本不動産流通機構（以下、西日本レインズとする）の４つがあり、それぞれが別個にレインズを運営している。レインズを利用可能な不動産業者は一般社団法人全国住宅産業協会、各都道府県の宅地建物取引業協会、一般社団法人不動産協会、或いは一般社団法人不動産流通経営協会のいずれかの会員に限る。

　各不動産流通機構では、消費者や不動産業者等への情報提供を目的として、登録された媒介に関する情報を集計し、統計データ（以下、レインズデータとする）として公表している。集計対象は、登録された媒介物件および会員の売主および代理物件である。レインズデータとしてそれぞれのホームページで公表しているもので住宅に関するものは以下となる。東日本レインズでは、首都圏１都３県のほか、他のレインズが保有するレインズデータを合わせた都道府県版のデータも合わせて公表している。いずれのレインズデータでも、成約戸数、成約価格の平均、成約物件の平均面積などの情報を公表している。

- 東日本レインズ：中古マンション、中古住宅（対象エリア：全国都道府県、首都圏１都３県、札幌市、仙台市）、新築戸建て住宅（対象エリア：全国都道府県、首都圏１都３県）
- 近畿レインズ：中古戸建住宅、中古マンション、新築戸建て住宅（対象エリア：近畿圏２府４県）
- 中部レインズ：中古戸建住宅、中古マンション、新築戸建て住宅（対象エリア：富山県、石川県、福井県、岐阜県、静岡県、愛知県、三重県）
- 西日本レインズ：中古戸建住宅、中古マンション（対象エリア：中国地方５県、四国地方４県、九州・沖縄地方８県）

　なお、東日本レインズでは、ホームページでの公表以外に首都圏１都３県の市町村や沿線駅別等の細分化したエリアで集計したものをＣＤデータとして販売提供している。

2) 新規供給関連
i) 不動産経済研究所データ

　株式会社不動産経済研究所では、不動産、住宅業界関係者のための不動産、住宅市場の動向についての情報発信を目的として、独自の調査結果を「マンション、建売市場動向データ」として公表している（以下、不動産経済研究所データとする）。

　マンションについては、首都圏1都3県（東京都、埼玉県、千葉県、神奈川県）と近畿圏2府4県（大阪府、京都府、兵庫県、奈良県、三重県、和歌山県）について、毎月の新規発売戸数、契約状況、平均価格などを集計、公表している。

　建売住宅については首都圏1都3県と茨城県南部を対象に、一般社団法人不動産協会、一般社団法人全国住宅産業協会会員の民間事業者による分譲物件で原則として発売棟数が10戸以上の物件を対象に情報を収集し、毎月の新規発売戸数、契約状況、平均価格などを集計、公表している。

　調査結果の概要は株式会社不動産経済研究所のホームページで公表している。ホームページで公表している情報に加えて、首都圏に関しては、個別物件に関する情報や、新規売出予定情報、過年度に新築供給されたもので在庫となった物件の成約状況、成約価格等の追跡調査結果を追加したものを「不動産経済調査月報（首都圏版）」として、近畿圏に関しては更に建売住宅の新規供給、中国、四国地方のマンション新規供給についての情報を追加した形の「不動産経済調査月報（近畿圏版）」として、さらに、首都圏、近畿圏に加え、中部圏、その他地方中核都市等でのマンション建設・発売状況のデータを集計した「全国マンション市場動向」を年次で発行している。

　その他、付属するマンション総合研究所の会員登録向けサービス（有償）の一環として、マンションデータ検索サービスという形でも提供している。

ii) エム・アール・シーデータ

　有限会社エム・アール・シーでは、不動産データの販売やマーケティング業務等を目的として、分譲マンション、建売住宅のそれぞれについて新規売出情報を収集、整理している（以下、MRCデータとする）。

　分譲マンションデータでは、首都圏（1都3県および茨城県）、関西圏（2府4県）、中部圏（愛知県、岐阜県、三重県）、静岡県、および北関東圏について、新規販売された分譲マンションの情報を収集、整理している。データ項目としては、建物所在地、構造、階数、総住戸数、面積、建物設備、販売時期、初月販売戸数等がある。首都圏および関西圏については1969年以降、中部圏については1984年以降、静岡県については1985年以降、北関東圏では1993年以降の新規販売データを収集、保有している。

　建売住宅データでは、大手デベロッパーやハウスメーカーの分譲物件を中心に建売住宅の情報を首都圏（1都3県および茨城県）、関西圏（2府4県）、中部圏（愛知県、岐阜県、三重県）、および北関東圏（茨城県、栃木県、山梨県、群馬県）について整備している。データ項目としては、建物所在地、構造、面積、建物設備、販売時

期等がある。また、首都圏については、販売開始された物件情報以外に、マンション予定物件速報として集合住宅のお知らせ看板や販売前のプロジェクト情報を保有している。首都圏については 1970 年以降、関西圏については 1995 年以降、中部圏については 1996 年以降、北関東圏では 1989 年以降の新規販売データを保有している。データベースを用いた集計結果概要や調査分析ソフト等が販売提供されている。

iii）マーキュリーデータ

　株式会社マーキュリーは、マンション供給に係る業務支援等を目的として、特に新規分譲マンションの販売事例のデータ（以下、マーキュリーデータとする）を収集・保有している。カバーエリアは、首都圏（1 都 3 県、茨城県、群馬県、栃木県）、関西圏（2 府 4 県）、東海圏（愛知県、三重県、岐阜県）となっている。整備している情報として、物件名、物件所在地、構造、階数、総戸数、価格、坪単価、部屋の間取り、面積などのデータがある。また、独自調査により、お知らせ看板、販売予告チラシなどを収集し、販売前の開発予定段階、販売予定段階のステータス情報についても保有している。データ収集、更新は毎日行われている。

　収集したデータは、地図上での個別物件の検索や保有データをもとにしたマンションの需給推移等を集計可能なソフトとして販売提供されているほか、同社が運営する不動産業界向けの会員登録制ポータルサイトでの情報発信や物件検索のためのデータベースとしても活用されている。

3）その他
　民間事業者等が提供するデータの中には、利用目的や利用者のニーズへの対応から、特定の条件に該当する住宅に焦点を当てたものが複数存在する。

ｉ）特定のマンション情報

　前述した株式外会社不動産経済研究所では、首都圏 1 都 3 県について、住戸の専有面積が 30 ㎡以上 50 ㎡未満のコンパクトマンションの新規供給戸数、マンションの新規供給戸数全体に占める割合といった月次動向を集計し、ホームページで公表している。その他、年に一回、全国で建設・計画されている超高層マンション（20 階以上）を調査した「超高層マンション動向」、全国の定期借地権マンションの 1 年間の発売戸数や平均価格を調査した「全国定期借地権マンション供給動向」をホームページで公表している。全国定期借地権マンション供給動向の詳細な調査結果については、「定借マンション市場動向」として刊行物の形で販売提供も行っている。

ii）リゾート情報

　有限会社エム・アール・シーでは、分譲マンション、建売住宅のほかに、リゾートデータ、定期借地データについて新規売出情報を収集、整理している。リゾートデータでは、軽井沢、湯河原、熱海、箱根、沖縄など、全国の主要なリゾートエリアを対象に、リゾートマンション、建売別荘、別荘地といったリゾート物件の販売情報を取集・蓄積している。定期借地データでは、首都圏を中心に定期借地権付きマン

ションや借地権付きのマンションの販売情報を収集・蓄積している。これらのデータについては、データベースへのアクセス権という形で、販売提供している。

ⅲ）定期借地権情報

　定期借地権に関するデータとしては、公益財団法人日本住宅総合センターの「定期借地権事例調査」がある。これは、民間事業者が新規販売している定期借地権付住宅に調査対象を限定し、インターネットに掲載された公開情報を中心に全国の個別事例を収集、集計したもので、半年に一度、調査結果をホームページで公表している。

ⅳ）投資用不動産情報

　また、投資用不動産の取引を把握可能なデータとして、株式会社日経 BP が毎月発行している「日経不動産マーケット情報」で取り上げている売買事例（以下、日経BP 社データとする）がある。独自の調査をもとに、都市圏を中心として、賃貸用マンション、オフィスビル、店舗、ホテル、マンション、土地等の不動産売買事例について一覧で掲載している。売買事例の情報項目としては、売主、買主、用途、所在地、面積、構造、階数、売却価格等がある。月次での個別事例の公表のほか、四半期ごとに、売買事例の件数と金額の推移等についてもまとめて公表している。さらに、収集した売買事例の検索、REIT 物件の運用データや開発プロジェクトの検索、ダウンロードがインターネット上で可能なデータベース「ディールサーチ」としてもデータ提供を行っている。

　上場企業による投資用物件の個別取引情報については、株式会社日本取引所グループの TDnet（Timely Disclosure network：適時開示情報伝達システム）で開示されているデータ（以下、TDnet データとする）でも取得が可能である。

　TDnet は、より公平・迅速かつ広範な適時開示を実現するために、上場会社が行う適時開示に関する一連のプロセスを電子化したシステムである。上場企業は、有価証券上場規程に基づき会社情報の開示を行う場合は、必ず TDnet を利用することが義務づけられているほか、任意の情報開示についても TDnet の利用が推奨されているため、情報が開示されている範囲で投資用物件等の情報等を検索、閲覧することができる。

　TDnet に開示された情報は、適時開示情報閲覧サービスを通じて、直近 1 か月は無償で、それ以前のデータについては有償で検索閲覧が可能である。

（2）公的データとの比較

1）捉えている住宅の範囲の違い

　各データで捉えている住宅の範囲について、公的データと比較する。

　新築供給に関する公的データとしては、建築確認申請の届出にある戸数を集計した国土交通省「建築着工統計調査」の新設住宅着工戸数がある。新設着工戸数では、全国の持ち家、分譲住宅、貸家、給与住宅の区分ごとに着工ベースの戸数を月次で把握することができる。

　レインズデータでは、新築戸建て住宅について、レインズに登録された媒介物件および会員の売主および代理物件の情報をもとに成約ベースの戸数を把握可能である。

　不動産経済研究所データでは、建売住宅、新規分譲マンションについて、対象エリアの発売戸数、契約状況、即日完売物件戸数、新規販売予定戸数、個別の販売情報（建物名、建物所在地、平均販売価格、住戸数、面積等）などが把握可能である。

　ＭＲＣデータは、建売住宅、分譲マンション、マーキュリーデータでは分譲マンションの新規販売戸数、初月販売戸数などを建物ごとに把握可能である。また、不動産経済研究所データと同じく新規販売予定、さらに建築計画段階の戸数についても建物単位で把握が可能である。

　レインズデータでは新築戸建て住宅以外に既存戸建て住宅、既存マンションについてレインズに登録された媒介物件および会員の売主および代理物件の情報をもとに成約ベースの戸数を把握可能である。なお、中古住宅流通を捉えている公的データとしては住宅・土地統計調査があるが、個人が取得したものに限られている。

　日経 BP 社データ、TDnet データ、不動産経済研究所データ（コンパクトマンション、超高層マンション、定期借地権マンション）、ＭＲＣデータ（リゾートデータ、定期借地データ）、定期借地権事例調査は、いずれも焦点を当てている物件の新規供給や取引の動向を把握するうえでは有益であるが、住宅の新規供給、既存流通全体の動向を見る際には補足的な役割にとどまる。

　ここまで紹介してきたデータについて、捉えている住宅の範囲を比較整理すると図4-2のようなイメージとなる。

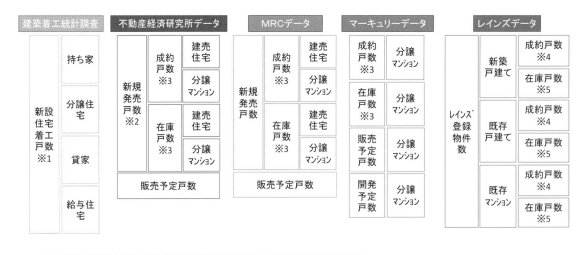

※1 建築確認申請ベースで新規供給される総戸数が把握可能。貸家、給与住宅の場合でも、一棟ではなく一棟内の総戸数として把握できる。
※2 分譲マンションは販売業者による売出情報の積み上げ、建売住宅は（一社）不動産協会、（一社）全国住宅産業協会会員の民間業者による分譲物件で原則として発売棟数が10戸以上の物件が対象
※3 調査月次で成約した戸数であり、取得者の法人、個人の別、購入後の居住の有無、用途（別荘、投資用、賃貸用等）は問わない
※4 レインズ登録件数のうち、調査時点で成約した戸数。取得者の法人、個人の別、購入後の居住の有無、用途（別荘、投資用、賃貸用等）は問わない
※5 レインズ登録件数のうち、調査時点での在庫戸数
※6 住戸の専有面積が30㎡以上50㎡未満のものが対象
※7 階数が20階以上のマンションが対象
※8 全国の主要なリゾート地について、リゾート物件の販売広告等をベースに収集
※9 首都圏1都3県について定期借地権付きマンションや借地権付きのマンションの販売広告等をベースに情報収集
※10 期借地権付住宅（新築戸建て、新築マンション）の販売事例をインターネット広告をベースに収集
※11 取引事例の中に居住用（賃貸用マンション、アパート）の一棟売買が含まれる

図　4-2　民間データと公的データで捉えている新規供給、既存流通の住宅の範囲

２）その他違い

　公的データと比較した際の、捉えている住宅の範囲以外での違いをみていく。

　ここで紹介したデータは、いずれも独自の調査手法に基づいて個別物件に関する情報を保有しており、レインズデータを除いて個別物件に関する情報を取得できる点が特徴である。データベースの更新は日々行っている場合がほとんどであり、レインズデータや不動産経済研究所データのように集計値を公表する場合も月次、年次で行っているなど速報性は高い。

　エリアのカバー範囲については、データの提供目的から、より供給戸数が多い都市圏エリアに絞って整備しているものが多くなっている。

　また、投資用物件、コンパクトマンションやリゾート物件、定期借地権付住宅など特定の市場に焦点を当てたデータ提供が行われているのも特徴である。

　公的データが我が国全体の動向を俯瞰しているのに対し、特定のエリア、特定の市場に関する最新の動向の把握、あるいは個別物件ベースについての情報を取得できることが、ここで紹介したデータの最大の特徴である。

　改めて、各データの概要をまとめたものを次頁に示す。

表 4 -2　住宅の取引に関連する公的データ以外のデータ概要

データの名称	データ収集方法・特徴	データ利用
レインズデータ	● レインズの登録物件（登録された媒介物件および会員の売主および代理物件）をもとに成約状況を集計、提供 ● 住宅としては、中古マンション、中古住宅、新築住宅について成約件数、成約価格、面積等が把握可能	● 集計結果は各レインズのＨＰで公表（東日本レインズでは1都3県および都道府県別のデータを公表） ● 東日本レインズで公表している1都3県データについて、市区町村、沿線駅別などの詳細な集計結果は有償
不動産経済研究所データ	● 新規分譲マンション：首都圏（1都3県）と近畿圏（2府4県）の新規発売戸数、契約状況、発売予定戸数についての集計と個別物件情報、調査時の前年、2年前に発売された物件で在庫になったものの追跡調査などの情報を独自調査により収集、月次で提供 ● 建売住宅：首都圏（1都3県、茨城県南部）、近畿圏（2府4県）の新規発売戸数、契約状況や個別の販売情報の情報を独自調査により収集、月次で提供 ● 年次調査として、首都圏、近畿圏に全国の主要都市圏のマンション販売動向についても調査を実施 ● その他、首都圏のコンパクトマンション新規販売戸数（月次）、全国の超高層マンション、定期借地権付マンションの新規販売戸数（年次）についても調査、公表	● 各調査の概要はＨＰで公開 ● 詳細なデータは有償 ● データ自体の販売のほか、有償の会員向けサービスの一環としてマンションデータ検索サービスという形でも提供 ● 建売住宅については、一般社団法人不動産協会、一般社団法人全国住宅産業協会会員の民間業者による分譲物件で原則として発売棟数が10戸以上の物件のものが調査対象
ＭＲＣデータ	● 首都圏（1都3県および茨城県）、関西圏（2府4県）、中部圏（愛知県、岐阜県、三重県）、静岡県、および北関東圏について、分譲マンションおよび建売住宅の新規販売情報を独自調査により収集 ● 販売データ以外に、建築計画などのお知らせ看板の情報を収集し、発売予定情報として提供 ● 新規分譲、建売住宅のほか、全国の主要なリゾート地でのリゾート物件の新規販売、首都圏1都3県の定期借地権付マンションや借地権付マンションの新規販売に関するデータを収集、提供	● 有償（集計結果の概要、データベースを用いた調査分析ソフト等を販売）

データの名称	データ収集方法・特徴	データ利用
マーキュリーデータ	● 首都圏（1都3県、茨城、群馬、栃木）、関西（2府4県）、東海（愛知、三重、岐阜）について、新築分譲マンションの新規販売情報を独自調査により収集 ● 販売戸数のほか、建築計画のお知らせ看板情報、住民向けの販売開始予定情報などを収集しており、開発予定、販売開始予定段階の情報も把握可能 ● データは毎日更新	● 有償（調査分析ソフトのデータベースとしての販売） ● そのほか、自社で開発・提供しているスマートフォン向けのマンションアプリのデータベースとして使用
日経BP社データ	● 独自調査により、都市圏を中心に、住宅、オフィス、店舗等、個別の投資用物件の売買事例について、月次でデータを提供 ● 売買事例の情報として、建物住所、建物名、取引時期、用途（住宅、オフィス、店舗等）等が把握可能 ● 個別の事例のほか、月次単位の取引に関するレポートも提供	● 有償（「日経不動産マーケット情報」の掲載のほか、データベースシステムの形でも提供） ※データベースのサンプルはHPで確認可能
TDnetデータ	● 上場企業等が行った投資用物件（一棟売買）に関する取引情報を個別に把握可能 ● 把握できる情報は、物件名称、所在地、建物構造、用途、面積、取引価格、利回り等	● 有償（直近1か月についてはTDnetの検索システムで無償で検索可能）
定期借地権事例調査（日本住宅総合センター）	● インターネット上に掲載された公開情報を中心に、全国で公表された民間事業者による定期借地権付分譲住宅（戸建て、マンション）の新規販売事例データを収集 ● 個別物件情報では、月次の保証金、地代のデータが把握可能 ※小規模な住宅供給や地域性の高い物件等広報活動の範囲が限定されている販売事例等の収集が十分ではない	● 半年に一度、調査結果をHPで公表

出典：各社HP等をもとに作成

４－３ その他の住宅関連データ

　前頁まで、住宅のストックとフローのそれぞれのボリュームに関連する民間データについて紹介した。ここでは、住宅関連の調査分析を行う際に有用なデータとして、住宅の取引価格等に関するデータ、および賃貸市場に関するデータについて、ここまでに紹介してきた民間等のデータで把握可能なものも含めて整理する。

（１）住宅の取引価格等に関するデータ
　ここまで紹介してきた多くの民間データで、個別物件情報の一環として販売、成約、いずれかについての価格情報が整備されている。
　具体的には、東京カンテイデータでは個別物件の売出価格および成約価格（新規供給時および既存流通時）、レインズデータおよび日経 BP 社データ、TDnet データでは成約価格、不動産経済研究所データ、ＭＲＣデータ、マーキュリーデータでは売出価格の情報が把握可能である。なお、レインズデータ以外のデータでは物件ごとの価格情報が取得できる。
　上記以外で価格情報を取得可能なデータベースとしては、株式会社アットホームの運営する「at home」、株式会社リクルートすまいカンパニーが運営する「suumo」、株式会社 LIFULL が運営する「LIFULL HOME'S」など、民間業者が運営する不動産ポータルサイトがある。これらのサイトでは、ユーザー向け情報提供の一環として、個別物件の募集価格情報が掲載されている。なお、ポータルサイトに掲載されている投資用物件売買については、当該物件の募集価格のほか利回りの情報も把握可能である。
　また、市場動向を把握するための指標のひとつとして、個別の価格やその平均値ではなく、価格を指数化したデータも提供されている。一般財団法人日本不動産研究所では、2014 年 12 月まで株式会社東京証券取引所が公表してきた「東証住宅価格指数」を引き継ぎ、2015 年 1 月以降、海外を含む投資家による中古住宅市場への投資の判断材料とすること等を目的として、首都圏 1 都 3 県の既存マンションを対象とし、東日本レインズの成約事例をもとに作成した指数を「不動研住宅価格指数」として公表している。
　表 4-3 で、各民間データの価格情報に関する概要について整理する。

表 4-3 住宅の取引価格等に関する主要データ概要

データの名称	把握可能な価格	対象となる住宅	データ利用・その他
東京カンテイデータ	● 売出価格 ● 成約価格 ※個別事例	● 区分所有形態の居住用建築物（民間分譲マンション、公団・公社が分譲した物件、タウンハウスやテラスハウスなどの低層物件、ワンルームマンション等を含む） ● 土地（戸建て住宅付き）	● 有償（法人会員向けサービス）
レインズデータ	● 成約価格 ※成約物件の平均値のみ	● 新築戸建て住宅 ● 既存戸建て住宅 ● 既存マンション	● 集計結果を各レインズのＨＰで公表 ● 首都圏（1都3県）の市区町村別、沿線駅別の詳細な集計結果は有償
不動産経済研究所データ	● 売出価格 ※販売物件の平均値および、各マンションでの発売住戸の最低価格、最高価格	● 新築分譲マンション ● 新築建売住宅	● 調査概要はＨＰで公表 ● 個別建物に関するデータは有償
ＭＲＣデータ	● 売出価格 ※建売住宅は個別物件。マンションの場合は各マンションの住戸平均のほか、各マンションの販売住戸の最低価格、最高価格	● 新築分譲マンション ● 建売住宅	● 有償 ● カバー範囲は、首都圏（1都3県および茨城県）、関西圏（2府4県）、中部圏（愛知県、岐阜県、三重県）、静岡県、および北関東圏
マーキュリーデータ	● 販売価格 ● ※各マンションの住戸平均および住戸別	● 新築分譲マンション	● 有償 ● カバー範囲は、首都圏（1都3県、茨城、群馬、栃木）、関西（2府4県）、東海（愛知、三重、岐阜）
民間の各種ポータルサイト（ suumo 、 at home、LIFULL HOME'S 等）	● 販売価格 ※個別物件 ※投資用物件の場合、販売価格のほか利回りが把握可能	● 新築分譲マンション ● 建売住宅 ● 中古マンション ● 中古戸建て住宅 ● 投資用物件	● 各ポータルサイトで確認可能
日経 BP 社データ	● 成約価格 ● ※個別事例	● 投資用物件（法人による一棟売買が主）	● 有償 ● 都市圏での取引が中心
TDnet データ	● 成約価格 ※個別事例	● 投資用物件（上場企業による一棟売買が主）	● 有償（直近1か月以内については無償で検索可能）

データの名称	把握可能な価格	対象となる住宅	データ利用・その他
不動研住宅価格指数（一般財団法人日本不動産研究所）	● 成約価格（指数）	● 既存マンション	● 調査概要はＨＰで公表 ● 対象エリアは１都３県 ● 指数の算定には東日本レインズの成約情報を使用

出典：各社 HP 等をもとに作成

（２）賃貸市場に関するデータ

　ここでは、賃貸市場に関して、成約件数、賃料、その他賃貸市場の需給バランスに関する指標（空室率等）を把握可能な、主要な民間データについて概要を紹介する。

１）レインズデータ

　レインズデータでは、売買用住宅以外に賃貸用住宅の情報も保有している。東日本レインズでは、１都３県のそれぞれについて賃貸用マンションとアパートについて、成約件数、成約賃料、坪単価、成約物件の面積の平均値データを集計、公表しているほか、有償で戸建て住宅についても情報を提供している。近畿レインズでは、２府４県の賃貸戸建て住宅、賃貸マンションについて、成約件数、成約賃料、坪単価、面積の平均値データを定期的に集計、公表している。（なお、中部レインズ、西日本レインズでは登録された賃貸物件の当月成約件数合計のみ把握可能である。）

２）アットホームデータ

　個別物件の募集賃料データについては、民間業者が運営する不動産ポータルサイトに掲載された物件情報などから把握が可能である。特に、株式会社アットホームの運営する「at home」、株式会社リクルートすまいカンパニーが運営する「suumo」、株式会社 LIFULL が運営する「LIFULL HOME'S」など大手の不動産ポータルサイトでは、ユーザーへの情報提供の一環として個別物件の募集賃料以外に、掲載物件情報をもとにしたエリア別、物件規模別の家賃相場の情報をホームページに掲載している。

３）東京カンテイデータ

　前述した東京カンテイデータでも、分譲マンション等の区分所有建物で、購入後賃貸用として利用している場合に、募集賃料のデータを取得することができる。

　賃貸市場にフォーカスしたデータとして、株式会社タスが公表している「賃貸市場レポート」がある。賃貸市場レポートでは、首都圏１都３県、関西圏（大阪府、京都府、兵庫県）、中京圏（愛知県、静岡県）、福岡県について、株式会社アットホームの保有する賃料データをベースに、マンション系とアパート系の建物それぞれについて、空室率インデックス、募集期間、更新確率、中途解約確率、賃料指数を作成している。

空室率インデックスは、賃貸住宅募集データ÷募集している建物の総戸数として計算している。賃料指数は、ヘドニックアプローチを用いて算出している。更新確率は契約期間が2年として入居したテナントが契約更新を行う確率、中途解約確率は契約期間が2年として規約満了前にテナントが退去する確率をそれぞれ計算している。特に空室インデックスは、分母の戸数が当該エリアの賃貸物件の総戸数ではなく募集物件がある建物の総戸数である点が特徴である。（参考：住宅・土地統計調査で公表されている空き家率＝空き家戸数÷総住宅戸数）

各指標の概要は月次でホームページで公表しており、詳細な数値データの入手は有償となる。

その他、投資用物件に限定したデータとして、上場 REIT 保有物件と非上場コア・ファンド保有物件の運用実績をもとに計算された一般社団法人不動産証券化協会が公表している平均賃料・稼働率のデータがある。住宅のほか、オフィス、商業、物流など用途別に計算、公表されている。平均賃料は各物件の坪単価の平均値を算出している。稼働率は稼働面積の合計÷稼働可能面積の合計で計算されている。これらの数値データはいずれも一般社団法人不動産証券化協会のホームページからダウンロードが可能である。

4） 投資判断指標データ

賃料については、実額のほかに、指数データが複数存在する。指数データは、主に投資の判断指標等としての情報提供を目的としている。

マンション賃料インデックスは、賃貸経営や投資判断の指標として、株式会社三井住友トラスト基礎研究所とアットホーム株式会社が共同で開発、提供しているデータである。アットホームが保有するマンション成約事例からヘドニックアプローチで品質調整し作成した賃料指数であり、東京23区、横浜・川崎、札幌市、名古屋市、大阪市、福岡市など、全国の主要12都市/エリア別、マンションの専有面積帯別で四半期ごとに算出結果を公表している。ただし、指数の算出に用いるマンション成約事例の条件は、RC・SRC、駅徒歩15分以内、専有面積18㎡以上100㎡未満に限定している。調査レポートとして概要をホームページで公表しており、詳細な数値データの入手は有償となる。

そのほか、一般財団法人日本不動産研究所の「全国賃料統計」で公表している指数がある。現地調査と統計的手法をもとに選定した全国の調査地点ごとにモデル建物を選定し、その実質賃料（支払賃料に保証金・敷金・権利金等の一時金の運用益・償却額を加えたもの）を査定し、変動率等をもとに指数化したものを公表している。この統計では、共同住宅・オフィスについて指数を公表している。定点調査であること、不動産鑑定評価の手法にもとづき算出した実質賃料を用いて指数化している点が特徴である。概要の数値データはホームページで公表しているが、詳細なデータについては有償となる。次頁の表 4-4 で、改めて各民間データの価格情報に関する概要と留意点等について整理する。

表 4-4　賃貸市場に関する主要なデータ概要

データの名称	データの内容	データの特徴	データ利用
レインズデータ	● 成約件数 ● 成約賃料 ● 成約物件面積 ※成約物件の平均値のみ	● 首都圏1都3県、近畿2府4県について、賃貸用物件の成約物件の戸数、賃料、面積等のデータを集計 ● 集計対象はレインズに登録された媒介物件および会員の売主および代理物件	● 各レインズのHPで公表 ● 東日本レインズについては、1都3県の市区町村別、沿線駅別の集計値を有償で提供
募集賃料（at home、suumo、LIFULL HOME'S 等）	● 募集賃料 ※個別物件	● ポータルサイトに登録されている個別物件の募集賃料を閲覧可能 ● 個別物件の募集賃料のほか、登録物件の成約事例をもとに、各社にてエリア別、戸建て、マンション、アパートや部屋数など条件ごとの賃料相場情報を集計・公表	● 各ポータルサイトで確認可能
東京カンテイデータ	● 募集賃料 ※個別物件	● 分譲マンション等を購入後、賃貸用として利用している場合に募集賃料のデータを把握可能	● 有償（法人会員向けサービス）
賃貸市場レポート（株式会社タス）	● 空室率インデックス ● 募集期間 ● 更新確率 ● 中途解約確率 ● 賃料（指数） ※成約物件の平均値	● 首都圏（1都3県）、関西圏、中京圏、福岡県が対象 ● アットホームの保有データを用いて算出 ● 空室率インデックスは「入居者募集戸数÷入居者を募集している建物の総戸数」で計算 ● 空室インデックスについては、マンション系（S造、RC造、SRC造）、アパート系（木造、軽量鉄骨）のそれぞれについても算出	● 結果概要はHPで公表 ● 詳細な数値データは有償
J-REIT 稼働率、平均賃料（一般社団法人不動産証券化協会）	● 平均賃料 ● 稼働率	● 日本国内のコア・ファンドが保有する投資用物件が対象 ● 住宅、オフィス、商業、物流など建物用途別に算出 ● 稼働率は「稼働面積÷稼働可能面積」として計算	● HPで数値データをダウンロード可能

51

データの名称	データの内容	データの特徴	データ利用
マンション賃料インデックス（株式会社三井住友トラスト基礎研究所×アットホーム株式会社）	● 成約賃料（指数）	● アットホームが保有するマンション成約事例から算出した賃料指数（四半期ごと） ● 主要12都市/エリアごとにマンションの専有面積帯別に賃料インデックスが把握可能 ● 指数作成に用いる成約物件の条件を、ＲＣ・ＳＲＣ、駅徒歩15分以内、専有面積18㎡以上100㎡未満に限定	● 結果概要はＨＰで公表 ● 詳細な数値は有償
全国賃料統計（一般財団法人日本不動産研究所）	● 成約賃料（指数）	● 現地調査及び統計的手法によって調査地点およびモデル建物を設定しその実質賃料を査定しそれを用いて指数を作成 ● 募集賃料や成約賃料ではなく、不動産鑑定評価の手法にもとづき算出した実質賃料を用いている点が特徴 ● 地方別、都市圏別、都市規模別に ● 共同住宅、オフィスについて賃料指数の把握が年次で可能	● 結果概要はＨＰで公表 ● 詳細な結果は有償

出典：各社 HP 等をもとに作成

４－４ 公的データ以外の住宅関連データを使用する際の留意点

　ここまで、公的データ以外の住宅関連データとして主要なものを紹介してきた。

　特に民間の住宅関連データについては、公的データと異なり、特定の市場や特定のエリアの現状について個別物件ベースで把握が可能な点が最大の特徴である。紹介したデータは、ほとんどが個別物件情報の収集によって整備されているものであり、中には、個別住宅単位で新築分譲、中古住宅としての売買取引、賃貸利用の経過を把握可能なデータも存在する。また、販売予定、あるいは新規開発予定のマンション情報や、コンパクトマンション、リゾート物件、定期借地権付住宅、投資用物件など、特定の条件や市場に該当する住宅に焦点を当てたデータの提供も少なくない。

　また、不動産業関連業務の支援、住宅市場の最新動向に関する情報提供を主たる目的としているデータが多いことから、データベースの更新頻度が高い、住宅市場規模の大きい都市圏を中心にデータが整備されている、という点も特徴として挙げられる。

　一方で、使用にあたっての留意点として以下が挙げられる。

　一つ目は、保有している情報項目やその具体的な内容についての確認である。データによっては、対象にしている住宅そのものや、データ項目が独自の定義に基づく場合も考えられるため、使用にあたり留意が必要といえる。

　二つ目は、データの使用目的、使用方法に関する事前確認である。特に個別物件情報をもとに調査研究を行う場合、データ提供側で想定している利用目的や利用方法と齟齬があると利用許諾が下りないケースもあり得るため、留意点の一つ目と合わせてデータ提供元への事前確認が必要といえる。

５．まとめ

＜ケーススタディを通して得られた住宅・土地統計調査を活用する際の留意点等＞

　住宅・土地統計調査では、我が国の住宅ストックの状況やそこに居住する世帯の状況等を把握するための唯一のデータである。当該調査は、居住世帯を対象にしたアンケート調査をもとに拡大推計をした調査であるため、統計上の誤差構造を含むとともに、居住世帯がある住宅の情報については、回答者が把握している情報の限界が取得可能な情報の限界となる。

　本調査研究におけるケーススタディでは、住宅・土地統計調査のうち、全国の建築時期別の居住世帯有り住宅の長期時系列データを使用して、住宅の滅失、更新に関する将来推計を行った結果、５つの課題、留意点を指摘している。一つ目は、建築時期別の住宅の物理的な滅失が捕捉不可能なことで、これは建築時期が把握可能な住宅が居住世帯有りのものに限定されることによるものである。二つ目は、調査年次により居住世帯有り住宅の建築時期の区切りが異なることで、これにより同一レンジによるコーホートの作成に制限がかかる。三つ目は集計区分が細分化することで、統計誤差による影響が拡大する可能性があることである。四つ目は建築時期「不詳」の居住世帯有り住宅の取り扱いである。本スタディでは居住世帯有り住宅の将来残存戸数推計のために建築時期が判明している住宅戸数の比率で按分し上乗せしているが、この操作自体が、真の建築時期別構成比に歪みを生じさせている可能性がある。五つ目は建築時期が調査年次の住宅ストック戸数の取り扱いである。住宅・土地統計調査では建築時期が調査年次のものは１月から９月までしか把握できないため、本スタディでは１月から９月のストック戸数を4/3倍することで年次データとしたが、国土交通省「建築着工統計調査」で公表されている持ち家、分譲住宅の新設着工戸数の月次推移や月次平均と比較すると、前述の操作では過小評価の可能性がある。

　住宅・土地統計調査で把握可能な住宅の状況は多岐に渡るが、いずれの集計値を使用する際も本調査で指摘した課題、留意点には注意が必要である。

＜住宅分野での活用が考えられる公的データについて＞

　また、住宅統計を目的とはしていないものの中で住宅関連データとして利用されている公的データとして、法務省「登記統計」の建物売買による所有権移転登記個数、総務省「道府県税の課税状況等に関する調」の家屋の承継分に係る不動産取取得税課税件数、同じく総務省「固定資産税の価格等の概要調書」の家屋に係る固定資産税課税棟数のデータを紹介した。

　建物売買による所有権移転登記個数と家屋の承継分に係る不動産取得税課税件数は、いずれも法律に基づく手続きや税制にもとづいた全数調査のデータであり、根拠となっている法律の内容から、中古住宅流通における流通の「回数」を捉えているといえる。しかしながら、データが捉えている流通回数の中には、住宅ではないもの、住宅・土地統計調査における中古住宅流通とは定義が一致しないもの、中古住宅流通とは考えられないものの法律や制度の都合上カウントされているもの等が含まれており、統計上でそ

れらを分離抽出することはできない。家屋に係る固定資産税の課税棟数は中古住宅ストックを棟数として捉えることが可能であるが、区分所有のマンションの場合も戸数ではなく棟数としてカウントされている。また、３つのデータに共通する事項として、対象をカウントするタイミングが住宅・土地統計調査とは異なるという点がある。

　住宅関連の調査研究において、本調査で紹介したような公的データを使用する際は、各データが捉えている建物の範囲、区分の仕方とそれぞれの区分の分離抽出の可否、カウントしている対象や行為、時期等について十分に留意する必要がある。

　＜民間が保有する住宅関連データについて＞
　さらに、住宅関連データとして、民間事業者等で公表している主要なデータについて整理している。民間データは、独自調査による個別物件情報の積み上げでデータベースを構築しており、住宅市場規模の大きい地域を対象に整備されているものが多い。また、特定のマーケットに焦点を当てたデータが多く見られている。
　そのため、公的データでは把握できない個別物件の履歴や特定のマーケット、エリア等、特定の条件に合致する住宅の動向についての調査分析に適している。ただし、使用の際には、各民間データが保有しているデータ項目や各項目の具体的な内容、また、データ提供側で想定している利用目的や利用方法と乖離がないかどうかといった確認が必要である。

６．参考資料

６－１ ケーススタディで用いた将来世帯数データ

表 ６-1 将来世帯数（2018 年公表値）

年　次	総　数	一般世帯数					
		単　独	核　家　族　世　帯				その他
			総　数	夫婦のみ	夫婦と子	ひとり親と子	
平成27年	53,332	18,418	29,870	10,758	14,342	4,770	5,044
平成28年	53,523	18,618	29,981	10,826	14,330	4,824	4,924
平成29年	53,722	18,818	30,094	10,912	14,297	4,885	4,810
平成30年	53,889	19,007	30,181	10,988	14,254	4,939	4,702
平成31年	54,023	19,182	30,240	11,056	14,199	4,985	4,601
平成32年	54,107	19,342	30,254	11,101	14,134	5,020	4,510
平成33年	54,134	19,484	30,232	11,116	14,067	5,049	4,419
平成34年	54,175	19,627	30,209	11,144	13,983	5,082	4,338
平成35年	54,189	19,757	30,170	11,170	13,892	5,108	4,261
平成36年	54,178	19,873	30,116	11,193	13,795	5,128	4,189
平成37年	54,116	19,960	30,034	11,203	13,693	5,137	4,123
平成38年	54,007	20,029	29,921	11,185	13,595	5,141	4,057
平成39年	53,903	20,100	29,805	11,175	13,480	5,150	3,998
平成40年	53,786	20,166	29,679	11,165	13,361	5,153	3,941
平成41年	53,642	20,215	29,541	11,150	13,238	5,154	3,886
平成42年	53,484	20,254	29,397	11,138	13,118	5,141	3,833
平成43年	53,301	20,286	29,235	11,112	13,004	5,119	3,780
平成44年	53,083	20,292	29,061	11,077	12,872	5,112	3,729
平成45年	52,848	20,287	28,880	11,041	12,736	5,103	3,680
平成46年	52,588	20,265	28,692	11,001	12,599	5,092	3,631
平成47年	52,315	20,233	28,499	10,960	12,465	5,074	3,583
平成48年	52,030	20,201	28,294	10,909	12,337	5,048	3,535
平成49年	51,736	20,156	28,093	10,864	12,209	5,021	3,488
平成50年	51,429	20,098	27,890	10,819	12,080	4,991	3,441
平成51年	51,103	20,028	27,680	10,770	11,951	4,958	3,395
平成52年	50,757	19,944	27,463	10,715	11,824	4,924	3,350

出典：国立社会保障・人口問題研究所

表 6-2 将来世帯数（2013 年 1 月公表値）

年 次	総 数	一般世帯数					
		単 独	核 家 族 世 帯				その他
			総 数	夫婦のみ	夫婦と子	ひとり親と子	
平成22年	51,842	16,785	29,278	10,269	14,474	4,535	5,779
平成23年	52,033	16,923	29,455	10,376	14,457	4,622	5,655
平成24年	52,271	17,100	29,644	10,510	14,419	4,716	5,527
平成25年	52,503	17,279	29,824	10,639	14,377	4,808	5,400
平成26年	52,717	17,460	29,984	10,760	14,327	4,897	5,273
平成27年	52,904	17,637	30,116	10,861	14,274	4,982	5,150
平成28年	52,950	17,757	30,148	10,889	14,204	5,055	5,045
平成29年	53,006	17,895	30,177	10,932	14,113	5,132	4,934
平成30年	53,046	18,029	30,196	10,972	14,018	5,206	4,821
平成31年	53,065	18,156	30,202	11,010	13,918	5,274	4,707
平成32年	53,053	18,270	30,189	11,037	13,814	5,338	4,594
平成33年	52,949	18,348	30,096	11,013	13,696	5,387	4,505
平成34年	52,853	18,440	30,000	11,003	13,559	5,437	4,413
平成35年	52,739	18,524	29,896	10,995	13,418	5,483	4,319
平成36年	52,606	18,598	29,784	10,987	13,276	5,522	4,223
平成37年	52,439	18,648	29,664	10,973	13,132	5,558	4,127
平成38年	52,214	18,664	29,496	10,929	12,988	5,579	4,053
平成39年	51,989	18,687	29,324	10,891	12,827	5,605	3,979
平成40年	51,755	18,708	29,145	10,855	12,664	5,626	3,902
平成41年	51,501	18,716	28,961	10,815	12,500	5,646	3,824
平成42年	51,231	18,718	28,770	10,782	12,340	5,648	3,743
平成43年	50,921	18,691	28,552	10,735	12,193	5,625	3,678
平成44年	50,601	18,644	28,342	10,679	12,029	5,634	3,615
平成45年	50,269	18,589	28,128	10,622	11,863	5,643	3,552
平成46年	49,920	18,526	27,907	10,561	11,696	5,650	3,487
平成47年	49,555	18,457	27,678	10,500	11,532	5,645	3,421

出典：国立社会保障・人口問題研究所

6-2 住宅・土地統計調査で把握可能な住宅の状況の一例

（1）建築時期別・残存ストックの推移

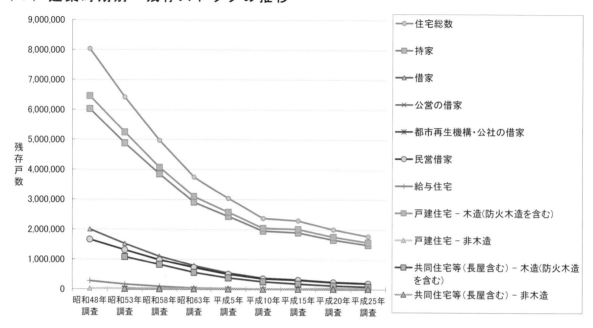

図 6-1 昭和 25 年以前の住宅の残存戸数の推移

出典：総務省統計局「住宅・土地統計調査」

※各調査年次の残存戸数には、建築時期「不詳」を当該建築時期の残存戸数が建築時期が判明している残存戸数全体の割合で按分した値を含む。（以下、図 6-8 まで同様）

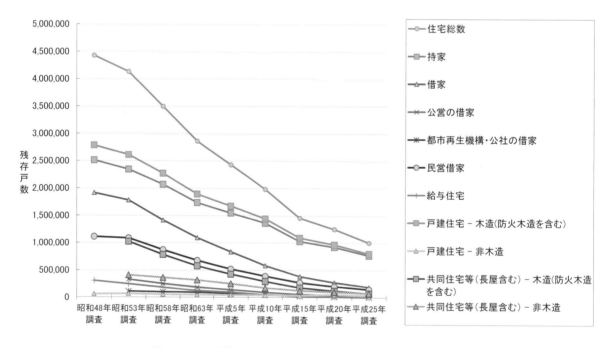

図 6-2 昭和 26 年～昭和 35 年の住宅の残存戸数の推移

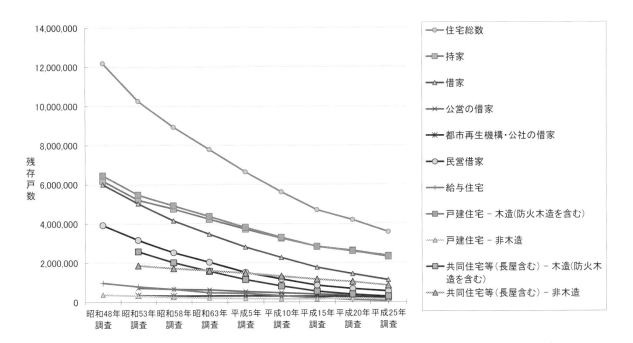

図 6-3 昭和 36 年～昭和 45 年の住宅の残存戸数の推移

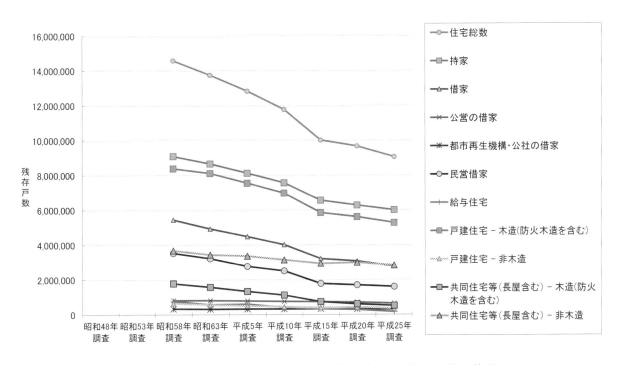

図 6-4 昭和 46 年～昭和 55 年の住宅の残存戸数の推移

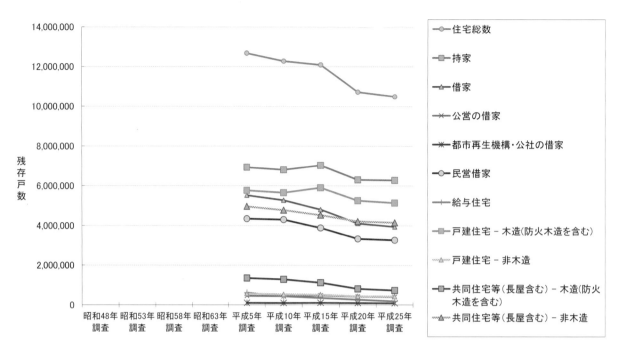

図 6-5 昭和 56 年〜平成 2 年の住宅の残存戸数の推移

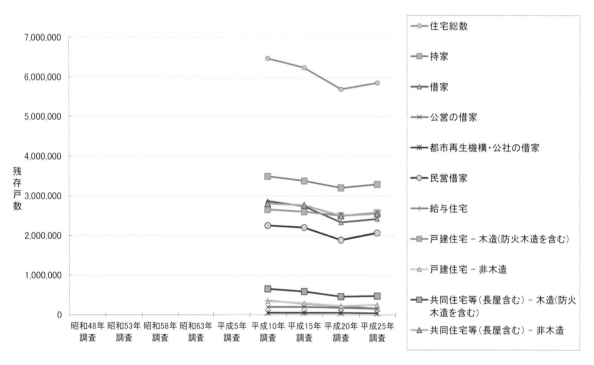

図 6-6 平成 3 年〜平成 7 年の住宅の残存戸数の推移

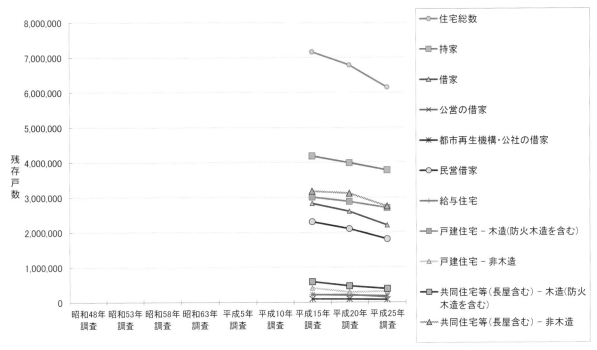

図 6-7 平成 8 年～平成 12 年の住宅の残存戸数の推移

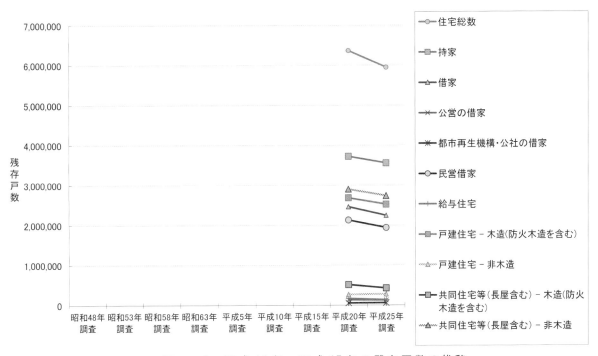

図 6-8 平成 13 年～平成 17 年の残存戸数の推移

（２）　増改築の実施状況

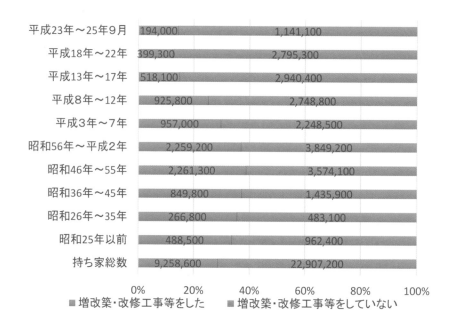

図　6-9　建築時期別・持ち家の増改築の有無

出典：総務省統計局「平成 25 年住宅・土地統計調査」

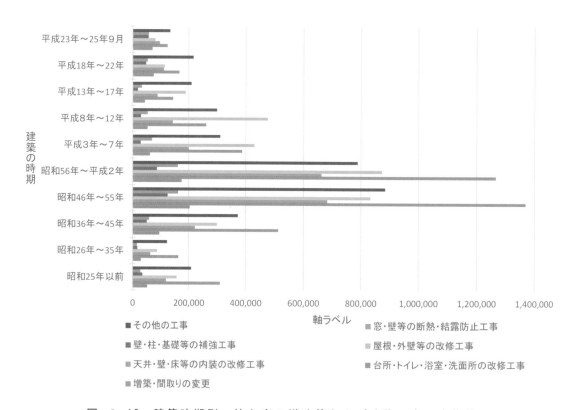

図　6-10　建築時期別・持ち家の増改築および改修工事の実施状況

出典：総務省統計局「平成 25 年住宅・土地統計調査」

（3） 耐震改修工事の状況

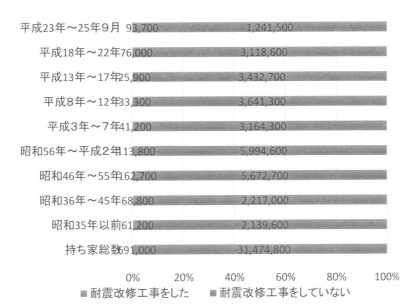

図 6-11 建築時期別・持ち家の耐震改修工事の有無

出典：総務省統計局「平成25年住宅・土地統計調査」

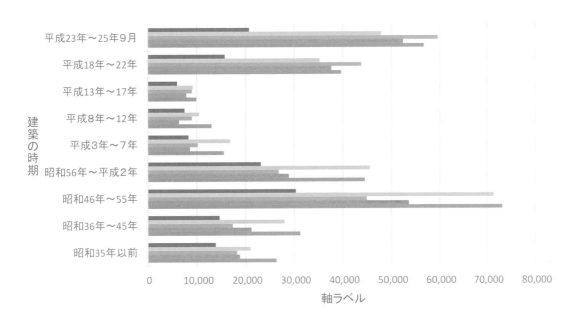

図 6-12 建築時期別・持ち家の耐震改修工事の実施状況

出典：総務省統計局「平成25年住宅・土地統計調査」

（４）腐朽・破損の状況

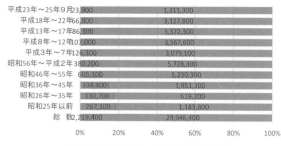

＜持ち家＞

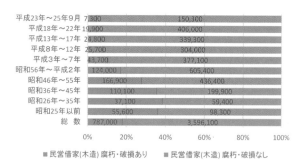

＜民間借家（木造）＞

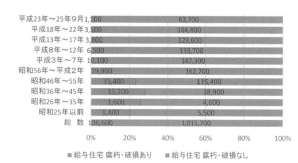

＜給与住宅＞

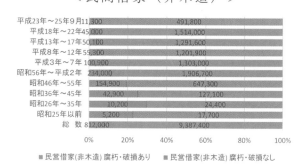

＜民間借家（非木造）＞

図 ６-13　建築時期別・住宅の腐朽破損の有無

出典：総務省統計局「平成 25 年住宅・土地統計調査」

（5） 接道状況

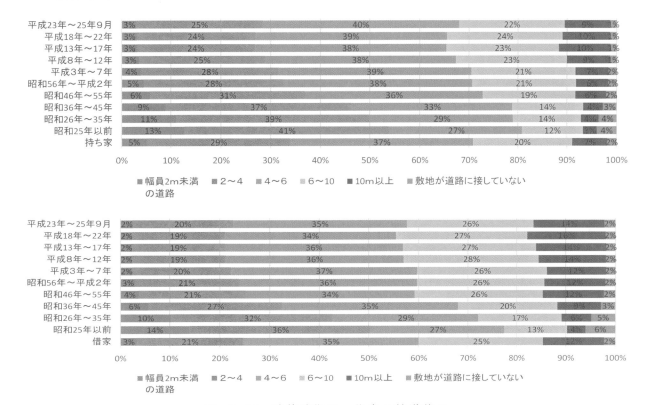

図 6-14 建築時期別・住宅の接道状況

出典 : 総務省統計局「平成 25 年住宅・土地統計調査」

６－３ 各データの出所一覧

（いずれも平成 31 年 3 月時点）

統計名称	出所 URL 等
総務省統計局「住宅・土地統計調査」	＜昭和 63 年から平成 25 年の調査結果＞ https://www.e-stat.go.jp/stat-search/database?page=1&toukei=00200522&result_page=1 ＜平成 30 年住宅・土地統計調査＞ https://www.stat.go.jp/data/jyutaku/index.html
法務省「登記統計」	＜結果公表＞ http://www.moj.go.jp/housei/toukei/toukei_ichiran_touki.html ＜用語の解説等（他の統計を含む）＞ http://www.moj.go.jp/housei/toukei/toukei_index2.html
総務省「道府県税の課税状況等に関する調」	＜結果公表＞ http://www.soumu.go.jp/main_sosiki/jichi_zeisei/czaisei/czaisei_seido/ichiran11.html ＜不動産取得税を含む地方税の概要＞ http://www.soumu.go.jp/main_sosiki/jichi_zeisei/czaisei/czaisei_seido/ichiran01.html
総務省「固定資産税の価格等の概要調書」	＜結果公表＞ http://www.soumu.go.jp/main_sosiki/jichi_zeisei/czaisei/czaisei_seido/ichiran08.html ＜固定資産税を含む地方税の概要＞ http://www.soumu.go.jp/main_sosiki/jichi_zeisei/czaisei/czaisei_seido/ichiran01.html
マンションデータベース（株式会社東京カンテイ）	＜データベース概要＞ https://www.kantei.ne.jp/service/member/database/index.html
ゼンリン建物ポイントデータ（株式会社ゼンリン）	＜データベース概要＞ https://www.zenrin.co.jp/product/category/gis/contents/building-point/index.html
マーケットデータ（レインズ）	＜結果概要公表（東日本レインズ）＞ http://www.reins.or.jp/library/ ＜結果概要公表（近畿レインズ）＞ http://www.kinkireins.or.jp/trend/ ＜結果概要公表（中部レインズ）＞ http://www.chubu-reins.or.jp/report ＜結果概要公表（西日本レインズ）＞ http://www.nishinihon-reins.or.jp/summary.html ＜結果詳細（有料）（東日本レインズ）＞ http://www.reins.or.jp/pdf/trend/nmw/nmw_2018.pdf

統計名称	出所 URL 等
不動産経済研究所データ（株式会社不動産経済研究所）	＜マンション、建売市場動向（結果概要公表）＞ https://www.fudousankeizai.co.jp/mansion ＜不動産経済統計月報（刊行物概要紹介）＞ https://www.fudousankeizai.co.jp/publicationCatelist?cateId=7&id=27 ＜首都圏のコンパクトマンション供給動向（結果概要公表）＞ https://www.fudousankeizai.co.jp/mansion ＜コンパクトマンション市場動向（刊行物概要紹介）＞ https://www.fudousankeizai.co.jp/publicationCatelist?cateId=8&id=30 ＜全国超高層マンション市場動向（結果概要公表）＞ https://www.fudousankeizai.co.jp/mansion ＜超高層マンション資料集（刊行物概要紹介）＞ https://www.fudousankeizai.co.jp/publicationCatelist?cateId=8&id=31
ＭＲＣデータ（有限会社エム・アール・シー）	＜分譲マンションデータ概要＞ http://www.mrc1969.com/data/ ＜建売住宅データ概要＞ http://www.mrc1969.com/data/index2.php ＜リゾートデータ概要＞ http://www.mrc1969.com/data/index3.php ＜定期借地データ概要＞ http://www.mrc1969.com/data/index4.php
マーキュリーの分譲マンションデータ（株式会社マーキュリー）	＜マンションサマリ（新築分譲マンションデータベース概要）＞ https://www.summarynet.jp/mansion/index.html
日経不動産マーケット情報（日経 BP 社）	＜日経不動産マーケット情報購読案内＞ https://tech.nikkeibp.co.jp/kn/cp/NFM/ ＜ディールサーチ紹介＞ https://ds.tech.nikkeibp.co.jp/top
TDnet	＜TDnet 概要、検索ページ＞ https://www.jpx.co.jp/listing/disclosure/
定期借地権事例調査（日本住宅総合センター）	＜調査概要、結果公表＞ http://www.hrf.or.jp/webreport/teishaku/teishaku_2018_half.html
マンション賃料インデックス（三井住友トラスト基礎研究所×at home）	＜調査概要の公表、結果詳細の購入案内＞ https://www.athome.co.jp/contents/chintai/report/
全国賃料統計（一般財団法人日本不動産研究所）	＜全国賃料統計、不動建住宅価格指数概要公表（ニュースリリース）＞ http://www.reinet.or.jp/?cat=1 ＜全国賃料統計詳細結果（購入案内）＞ http://www.reinet.or.jp/?page_id=166

統計名称	出所 URL 等
賃貸住宅市場レポート（タス）	＜概要レポート公表＞ https://corporate.tas-japan.com/news/news_cate/report/ ＜詳細結果利用の流れ、利用料金＞ https://corporate.tas-japan.com/service/tas-map/admissionflow/ https://corporate.tas-japan.com/service/tas-map/fee/
J-REIT 稼働率（不動産証券化協会）	＜結果概要＞ https://index.ares.or.jp/ja/ajpi/average.php ＜詳細データダウンロード＞ https://index.ares.or.jp/ja/ajpi/download.php
at home ポータルサイト（株式会社アットホーム）	＜不動産ポータルサイトトップページ＞ https://www.athome.co.jp/ ＜投資物件売買専門ポータルサイトトップページ＞ https://toushi-athome.jp/
suumo ポータルサイト（株式会社リクルートすまいカンパニー）	＜不動産ポータルサイトトップページ＞ https://suumo.jp/
LIFULLHOME'S ポータルサイト（株式会社 LIFULL）	＜不動産ポータルサイトトップページ＞ https://www.homes.co.jp/

令和 2 年 3 月30日　　　　　　　　　　　　　　　　　　調査研究レポート　No. 18322

2033年までに必要となる住宅戸数の推計
- 新築・リフォーム・空き家活用等 -
（住宅関連基礎的統計データ活用上の留意点に関するケーススタディ）

発　行　　公益財団法人　日本住宅総合センター
　　　　　　〒102-0083 東京都千代田区二番町 6 番地 3　二番町三協ビル 5 階
　　　　　　電話　03-3264-5901

印　刷　　株式会社サンワ

ISBN978-4-89067-322-3

定価　1982円（＋税）

No. 11313 **中古住宅流通と住宅金融公庫** **―中古住宅は何故取引されなかったのか―** 28年3月発行 A4判120頁 定価[本体価格1500円＋税](送料別)	中古住宅流通が取引されてこなかった原因として、新築住宅取引を重視してきた政策的背景がある。本研究では、住宅金融公庫の融資にその影響がみられるか、統計データおよび融資制度の整理を行い、公庫融資利用者の動きについて検討した。
No. 14314 **住宅産業の円滑な海外展開を支援するビジネスライブラリー2** **＜モンゴル・ベトナム編＞** 28年3月発行 A4判171頁 定価[本体価格3700円＋税](送料別)	海外進出を円滑に進めるための情報収集やコネクションの形成について、個々の企業が取り組むことは困難を伴う。本調査は、先駆的企業の得た知見を共有すべき情報として整理したビジネスライブラリー第2弾であり、モンゴルとベトナムを対象としている。
No. 14315 **用途地域の例外許可に関する調査研究Ⅱ** **＜世田谷区と大田区におけるケーススタディ＞** 29年3月発行 A4判88頁 定価[本体価格1400円＋税](送料別)	成熟社会を迎えた我が国では、歩ける範囲で多様なサービスを享受できる街づくりへの要請が高まっており、現行の建築基準法では立地が認められない建築用途であっても、柔軟な対応の検討が必要となってきている。本研究では、用途規制の例外許可の柔軟な運用を念頭に置き、その運用に資する知見を得ることを目的として調査研究を行った。
No. 16316 **住宅資産を活用した金融手法に関する調査 報告書** 29年10月発行 A4判59頁 定価[本体価格1700円＋税](送料別)	「住生活基本計画」では、住宅金融市場の整備の必要性が示されている。とりわけ、高齢期における住み替え等の住関連資金のため、住宅資産を活用した金融手法を整えることは重要である。本研究では、リバースモーゲージ等の金融手法について現行制度や課題等を把握し、それらの商品のあり方や住宅政策として実施する政策的意義等について検討し調査を行った。
No. 17317 **高齢者向け住宅における社会的費用および社会的便益に関する調査研究** 31年1月発行 A4判93頁 定価[本体価格1500円＋税](送料別)	高齢化の進捗により、建設や運営において政府から補助金が支出されているサービス付高齢者住宅の建設が進められている。サービス付高齢者住宅の効果的な整備のあり方を検討する際の参考材料として、住宅整備の社会的費用と社会的便益の推計手法について、既往研究に基づいた調査研究を行った。
No. 16318 **中古住宅取引と建物価格査定制度** 31年2月発行 A4判128頁 定価[本体価格1600円＋税](送料別)	中古住宅取引は、売主が物件の価値を客観的に把握できない点で情報の非対称性に直面する。この問題を改善するために、新しい建物価格査定システムが導入され始めている。本研究は、新しいシステムが従来のシステムとどのように異なっているのか整理し、データ分析を通してその課題を検討している。
No. 16319 **オランダ＜KUUB＞等の参加型住まい・まちづくりに学び 地方都市の新たな"まちなか再生法"を探る** **―宇部市＜まちなか再生プロジェクト＞の取り組みを通して―** 31年1月発行 A4判139頁 定価[本体価格1815円＋税](送料別)	地方都市の中心市街地等における居住とサービスを回復するための「市民会社によるコーポラティブ住宅方式を活用した事業手法」について、オランダのNPO＜KUBB＞の取組みの現地調査報告、また、山口県宇部市のまちなか（中央町地区）再生事例を通じた課題整理と解決への提言を行っている。
No. 16320 **市町村住宅政策の企画・立案のための統計データ活用手法に関する調査 報告書** 令和元年5月発行 A4判144頁 定価[本体価格2500円＋税](送料別)	人口構成や住宅の特徴は地域ごとに異なっているため、市町村レベルの住宅政策は、課題解決に有効と考えられる。本稿は、新たに住宅政策を企画・立案する自治体に向けたマニュアルを作成するために行った調査をまとめたものである。なお、巻末に各自治体に配布されたマニュアルの詳細版を掲載している。
No.19321 **木造住宅密集地域解消対策に関する調査 京都市の取り組み 報告書** 令和元年10月発行 A4判59頁 定価[本体価格2500円＋税](送料別)	木造住宅密集地域の解消は多くの自治体にとって長年の課題である。本調査は、京都市が進めている接道義務の緩和を目的とした細街路対策を定量的に評価することを目的とするものである。

The Quarterly Journal of Housing and Land Economics

季刊 住宅土地経済

【編集委員】浅見泰司／浅田義久／中川雅之／山崎福寿

現代経済学による住宅・土地問題の分析と実証および政策に関する研究論文などを掲載
B5判 40頁
発行 1月1日、4月1日、7月1日、10月1日
年間購読料[本体価格2,860円＋税]（送料含）

欧米４か国におけるキャピタルゲイン課税制度の現状と評価 （No.06811）

海外住宅・不動産税制研究会編著
A5判 172頁 価格（税込）3,800円 送料別

　諸外国の税制の実態把握と評価・分析は、わが国において望ましい課税のあり方を展望する際にも極めて有用である。本書は、欧米４か国（イギリス、アメリカ、ドイツ、フランス）の住宅・不動産をめぐるキャピタルゲイン課税に関する研究論文を収録したものである。終章では、４か国横断的な視点で総括的な分析を行なっている。

欧米４か国における住宅・不動産関連流通税制の現状と評価 （No.07812）

海外住宅・不動産税制研究会編著
A5判 133頁 価格（税込）3,300円 送料別

　海外住宅・不動産税制研究会編著による諸外国税制シリーズの第二弾である。本書は、欧米４か国（イギリス、アメリカ、ドイツ、フランス）の住宅・不動産関連の流通税制をテーマに、制度成立の歴史的背景と理念、沿革、現行制度の基本的枠組み等について国別に検討・考察したものである。終章では、全体を俯瞰するグローバルな視座で、対比的な分析と評価を行なっている。

相続・贈与税制再編の新たな潮流
～イギリス、アメリカ、ドイツ、フランス、スイス、カナダ、オーストラリア、日本～ （No.09813）

海外住宅・不動産税制研究会編著
A5判 347頁 価格（税込）5,250円 送料別

　海外住宅・不動産税制研究会編著の税制研究シリーズ第三弾である。近年、主要先進国において廃止や軽減のトレンドが認められる相続・贈与税制の制度的枠組みについて、住宅・不動産の位置づけの重要性、課税方式や他の税目との関係等を視野に収めつつ、国別にとりまとめた成果である。終章では、相続・贈与税制をめぐる世界的な潮流をさまざまな視点で総括し、今日的な課題を提示している。今後わが国において相続・贈与税制の議論を深める上で参考になろう。

主要先進国における住宅・不動産保有税制の研究
～歴史的変遷と現行制度ならびに我が国への示唆～ （No.10814）

海外住宅・不動産税制研究会編著
A5判 478頁 価格（税込）5,250円 送料別

　海外住宅・不動産税制研究会編著の書籍の第四弾であり、欧米４か国ならびに日本における住宅・不動産保有税をテーマとしている。イギリス、アメリカの各州、ドイツ、フランスおよび日本における固定資産税の制度についての比較研究であり、さらに日本については、租税法学的検討と併せて、経済学の視点から実証分析を行い、政策的インプリケーションを導いている。本書が、租税法や関連分野の研究者のみならず、さまざまな実務に携わる方々にも幅広く活用されることを祈念するものである。

欧米４か国における政策税制の研究 （No.11815）

海外住宅・不動産税制研究会編著
A5判 314頁 定価[本体5,000円＋税] 送料別

　海外住宅・不動産税制研究会編著の書籍の第五弾である。本書は、今後のわが国の政策税制のあり方の検討に資することを目的として、主要先進国（英・米・独・仏）における住宅・土地関係を中心とする政策税制について、その内容、政策目的、存在形式、適用期限、減収額等を調査するとともに、各国における政策税制措置に対する評価と制度改編に際しての議論の実態等を記述したものである。本書が租税法や関連分野の研究者のみならず、さまざまな実務に携わる方々にも幅広く活用されることを期待するものである。

今に生きる日本の住まいの知恵
～わが国の気候・風土・文化に根ざした現代に相応しい住まいづくりに向けて～ （No.11816）

日本の住まいの知恵に関する検討調査委員会著
A4判 カラー50頁 定価[本体850円＋税] 送料別

　わが国の伝統的な木造住宅は、軸組構法を基本とし、和室(畳)、真壁、襖・障子、土壁など、わが国の気候・風土・文化に根ざした技術・仕様が盛り込まれ、夏涼しく冬暖かい省エネ型住宅として現代でも再評価されるべき面がある。一方で、現代の住宅の仕様は、居室の洋室化や構造の非木造化などが進行し、従来の伝統的な技術等の継承が課題となっている。本書は、わが国の伝統的な木造住宅の技術等を取り入れつつ、現代のニーズや志向にマッチした新しい木造住宅等の形やその住まい方について提案し、住宅生産に関わる者やエンドユーザーの参考に供するものである。